U0010682

What Are the Chances? : Why We Believe in Luck

誰說運氣不科學！

利用科學剖析運氣，打破你對運氣的迷思，
才能運用思維與信念，把握眼前的好運！

芭芭拉‧布萊奇利（Barbara Blatchley） 著

龐元媛 譯

晨星出版

謹以本書獻給克里斯多福

目次 Contents

運氣是什麼?

運氣誠非偶然

乃是勤苦得來

命運之神的微笑何其昂貴

努力方可掙來

礦脈之父

乃吾人不屑一顧

之舊幣

艾蜜莉‧狄金生(EMILY DICKINSON),第1350號詩作

運氣與怒海

這本書的主題是運氣。我們都知道運氣對我們自己的意義,但俗話說得好,「一個人的天花板,是另一人的地板」,所以要看各人怎麼看。你眼中的幸運,看在站在你身旁的那個人眼裡,可能完全是另一回事。所以我們先研究一個問題:「究竟什麼是運氣?」是像艾蜜莉‧狄金生說的那樣,是勤奮努力才能得到的東西,還是莫名其妙冒出來甩你一巴掌,或是讓你登上更高課稅級距的東西?

一件事情可不可以既是好運，又是厄運？有個故事也許可以告訴我們答案。我們來看看莎拉・肯珊斯（Sarah Kessans）與艾蜜莉・柯爾（Emily Kohl）的經歷。

這兩位年輕女性，在2005年參加伍德維爾橫渡大西洋划船賽（Woodvale Events Transatlantic Rowing Race），號稱是世上最艱鉅的划船賽。參賽者必須划船橫越大西洋。莎拉・肯珊斯大方接受我的訪問，談談她的海上歷險記。我問的第一個問題是：「妳怎麼會想划一艘二十四英尺長的小船，橫越浩瀚的大西洋？」她的回答很直截了當。

> 我在普渡大學（Purdue University）唸一年級的時候，在沃巴什河（Wabash River）第一次划船，從此徹底愛上這項運動……我即將從倫敦回來的時候，到牛津街（Oxford Street）的書店，想找些能在回程班機上閱讀的書。我買了黛博拉・維爾（Debra Veal）的《獨自划行》（暫譯，原書名Rowing It Alone）。飛機降落在芝加哥的時候，書我都快看完了。我著迷到無法自拔。在大海划船，不僅能享受划船讓我熱愛的一切，也是一場神奇的冒險……幸好普渡大學划船隊裡，還有人跟我一樣瘋狂（她的參賽搭檔艾蜜莉・柯爾[1]）！

比賽從非洲外海的加那利群島（Canary Islands）開始，於將近三千英里之外的安地卡島（Antigua）結束。起點與終點之間除了空

6

蕩蕩的大海，別的什麼也沒有。莎拉與艾蜜莉希望打破女子「雙人艇」橫渡大半個大西洋的世界紀錄[2]。「雙人艇」是一種很小，卻非常專業化的船。船尾有個一次只能容納一個人的小船艙，船頭有個更小的儲物櫃，另外還有兩個划船者的座位，除此之外就沒什麼別的。船小到划船者只能輪流躺在船艙，一個人划船，另一人在狹窄擁擠的船艙睡覺，應該說盡量想辦法睡覺才對。

莎拉與艾蜜莉將她們二十四英尺長，六英尺寬的船，命名為「美國熱火號」（American Fire），在2005年的春季與夏季瘋狂訓練，備戰大賽。兩人都曾經是普渡大學划船校隊的隊員，所以長途划船的經驗很豐富。普渡大學鍋爐工美式足球隊（Purdue University Boilermakers）的主場位於印第安納州的西拉法葉（West Lafayette），在印第安納波利斯（Indianapolis）西北方約六十英里處。校園周圍盡是隨風搖曳的玉米與大豆田，但卻看不到能稱之為開闊海域的地方。

兩位姑娘知道，出海訓練是絕不可省略的環節。於是在2005年夏季，她們帶著船移師佛羅里達州，要在沿岸水道訓練。她們在羅德岱堡（Fort Lauderdale）與邁阿密（Miami）之前來回划船，鍛鍊體力，希望能在大賽期間，每日航行五十至六十英里。

大賽一開始，就出現了所謂的凶兆，代表厄運與困難即將降臨。大賽訂於2005年11月27日開賽，大西洋一帶的颶風季通常到了這個時候已經結束。然而不幸的是，根據歷史記載，2005年的颶風季是最活躍的一季，來襲的颶風數量之多（包括重創美國墨西哥灣沿岸一帶的惡名昭彰的颶風卡崔娜），氣象預報員用完了官方提供的颶風名稱，只好以希臘字母的名稱，為該季的最後六個颶風命名。

參賽選手終於在11月30日，從加那利群島中小小的戈梅拉島（La Gomera）出發。一出發就遇到不尋常的強風、洶湧的海浪、極為不適合划船的海象。在颶風季尾聲才降臨的詭異颶風厄普西隆（Epsilon）翻騰著海面，並於2005年12月1日開始東移[3]。許多選手不得不完全停止划船，扔出海錨（形狀像降落傘的大袋子，能接入海水，將船固定在原地），以免小小的船被強風吹得往後退。等到能夠再度往西移動，選手們又穿過熱帶風暴澤塔（Tropical Storm Zeta）的暴風圈南緣，進入更險惡的環境。

「美國熱火號」的船員一個半月來天天划船，日日與大海搏鬥，到了1月15日，海象惡劣到她們只能再次扔出海錨，在原地等待。她們的船的駕駛系統有一部分斷裂，必須到較為平靜的海域，才能重新安裝。天氣極為惡劣，兩人因為只能躲進船艙，小小的空間很快就變得很悶。她們打開通風系統，認為通風孔的設計，應該能避免抽打船身的大浪的海水流入船艙。

莎拉說，她們大約在下午兩點半以無線電聯繫「極光號」（Aurora）。主辦單位總共提供兩艘支援船，「極光號」離她們較近，就在她們前方三百英里處，另一艘支援船「蘇拉號」（Sula）則位於她們的後方六百英里處。她們與「極光號」短暫通話，告知對方天氣惡劣，所以她們不得不停止前進。當時「極光號」正忙著救援另一艘在該日稍早翻覆的船。下午4點30分左右，艾蜜莉手握無線電，打算再次聯絡「極光號」，卻遇到她們所能遇到的最糟的情況：一個瘋狗浪撞上船的左舷（用我們這些不懂航海的人的話講，就是左邊），船整個翻覆。現在海水從仍然開啓的通風孔灌入。

這下她們可慘了。海水不斷灌入船，她們無力阻擋。船在冬季、在惡劣的天氣、在大西洋上翻覆。莎拉到達艙口，正好看見瘋狗浪已經打斷了固定住救生艇的繩索。她看著救生艇消失在海浪之中，她們的救生裝備也隨之而去。她們努力清除船艙內泡了海水的殘骸，否則在船艙內幾乎動彈不得。

她們走出船艙，吃力地爬上翻覆的船，雖然希望渺茫，她們還是期待能看見出走的救生艇出現在不遠處。可惜沒有這樣的運氣。她們靠在一起，把自己跟船綁在一起。她們有個睡袋，是莎拉走出船艙的時候拿的，另外還有一個緊急位置指示無線電信標（EPIRB），也是莎拉從海水迅速灌入的船艙逃出時抓的。她們緊緊抓住彼此，抓住緊急位置指示無線電信標，也抓住船，等待救援。說說笑話、唱唱歌，互相加油打氣。只要能讓自己不去想眼前絕望的困境，做什麼都行[4]。

16小時後，從加那利群島駛向安地卡島的高桅橫帆船「斯塔夫羅斯尼亞科斯號」（*Stavros S. Niarchos*）映入她們的眼簾。「斯塔夫羅斯尼亞科斯號」先前就在附近（與她們相距超過一百英里，但你若是在夜間，跟你那艘很小的船的船底綁在一起，置身在大西洋，你會覺得一百英里的距離並不遠）。美國海岸防衛隊收到緊急位置指示無線電信標的求救信號，請「斯塔夫羅斯尼亞科斯號」前往救援。「斯塔夫羅斯尼亞科斯號」駛入港口之後，莎拉在安地卡島接受訪問。她坦言，她與艾蜜莉非常幸運。我覺得大多數人應該會有同感[5]。在大西洋上翻船，沒有補給，沒有救生艇，只能盼望有人聽見自己的求救信號，也未免太恐怖。

兩人成功獲救，而且毫髮無傷，確實很幸運。莎拉是如此看待她們在2005年的大賽享有的運氣：

> 引起翻船的變數很多，好的壞的都有，我覺得能有最後的結果，事前的準備很重要，偶然的運氣也很重要……話雖如此，我們不可能預料到自然界的每一套劇本，所以準備工作也不可能萬無一失。我們要是知道瘋狗浪會來襲，就不會打開通風風扇的內蓋（海水就不會灌進船艙，船也就能依據原本的設計，自行調整）。我們要是事先知道瘋狗浪的力量如此巨大，就會把救生艇還有急救包，用更牢固的方式綁在船上。大家要是事先知道颶風季會一路延長到一月中，伍德維爾可能就會延後，或是取消比賽。我們那次可以說運氣不好，但也絕對可以說運氣很好，因為我們有彼此作伴，船也沒有沉沒。其他選手全都是由支援艇或運輸艦救援（既擁擠又無趣），我們則是很幸運，有一艘前往加勒比海的高桅橫帆船前來相救[6]。

我看完這則神奇的故事，開始思考她們的運氣。看看她們遭遇的情況。美國國家海洋暨大氣總署（National Oceanographic and Atmospheric Administration）表示，在暴風雨肆虐的開放海域上，高度達到二十三英尺的大浪並不罕見，甚至也出現過五十英尺高的巨浪[7]。船的長度只有二十四英尺，大小跟一個較大的浪差不多。瘋狗浪則是異常巨大，看起來像一道海水築成的高牆（民間傳說中的怪浪有九十八英尺高，相當於十層樓建築的高度）。瘋狗浪會無預警出現，行進方向也與大多數海浪相反。「美國熱火號」遇上瘋狗浪，運氣確實很差。更糟糕的是船翻覆之後，載著救生設備的救生艇也因此漂走。

往好處想，她們離開船艙的時候，還能抓走緊急位置指示無線電信標，也算運氣不錯。而且莎拉說得對，船裡滿滿的都是海水，卻沒有沉沒，只能說運氣確實好。她們也是運氣好，能組隊參賽，而不是各自划著「單人艇」，不然自己孤身一人在海上遇到如此災禍，可就慘了。她們也是運氣好，才能在漫漫長夜等待救援之際，能互相加油打氣。

她們這段歷險記的其他方面，就很難說得清究竟是好運還是厄運。船的設計是萬一翻覆就會自動調整，這對她們來說算不算是幸運？她們拋下海錨之後待在原處，等候天氣轉好，結果卻因為通風孔開啟，導致船艙進水，這樣算不算運氣不好？瘋狗浪來襲的時候，她們兩位正好都在船艙裡，所以沒有人被掃落海中，這樣算不算運氣好？船艙只能容納一人，卻承載兩個人的重量，所以即使通風孔是關閉的，船可能也無法自行調整，這樣算不算運氣不好？同樣一件事有沒有可能既是好運，也是厄運？究竟什麼叫做運氣？

每個人對於運氣的定義不同，對於運氣的運作原理，也有不同的概念。研究運氣的科學家認為，運氣是一種起因。一件事情的結果若不是由我們的能力或是作為所造成，我們就有可能將此事的成敗歸因於運氣。我們會依據現有的所有資訊，評估發生的事件，分析事件的起因。我們會參考自己的過往經驗（也就是記憶），評估當下的感官資訊（感官系統告訴我們現在發生了什麼事），也會思考我們的夢、慾望，以及我們預期會發生什麼事，又希望會發生什麼事。我們依據與生俱來的身心所蘊含的這些資訊，判斷發生了什麼事，也找出事件的起因。

事件往往是我們自己的作為（或是沒作為）所造成。我們內心深處也很清楚，事情的根本原因是我們做了什麼，或是沒做什麼。但我們的所作所為若是與事件完全無關，亦即事件的發生完全不是我們所能控制，我們就會歸因於運氣。掀翻「美國熱火號」的瘋狗浪，是人力無法控制的，艾蜜莉與莎拉完全無法預作準備。莎拉甚至說，她與艾蜜莉，還有她們在岸上的支援團隊，都認為「美國熱火號」團隊準備得很充足，甚至比某些其他隊伍都充足。雖然她們辛苦訓練了兩年，但莎拉說，「大海才不在乎你準備得多辛苦[8]。」她們無力控制某些事情，而且無論訓練得多久，或是多辛苦，也還是無力控制這些事情。瘋狗浪來襲，純屬運氣不好。

運氣是什麼？

《牛津英文字典》（*Oxford English Dictionary*，OED）告訴我們，運氣的英文字luck是由德文字luk或gelucke演變而來，意思是

「幸福」與「運氣[9]」。這個字由賭徒率先使用，後來漸漸普及。根據《牛津英文字典》，「運氣」有幾種定義。首先，運氣是「偶然發生的事件，有益或有損一個人的利益」。第二，運氣是「是偶然獲得，而非憑藉功績或努力得來的好運、成功、興盛，或是優勢」。「偶然」的意思是意外發生，或純粹碰巧發生的事情。所以「一場幸運的意外」這種說法其實是贅敘，因為「幸運」的事件本來就是「意外發生的」。偶然發生的事件可以對我有利（那對我來說就是好運），或是對我不利（那對我來說就是厄運）。

《牛津英文字典》對於運氣的第二種定義，詳細闡述了偶然的概念。運氣不受我們控制，與我們作不作為，應不應得無關。幸運的事件是隨機發生的，之所以發生，純屬意外，與我們是否做好準備，是否預先訓練，希不希望它發生無關。但我們對於隨機發生的事件的觀念，卻多半有問題。

隨機

從科學的觀點來看，隨機確實是不可預測的。舉個例子，數學家眼中的隨機數（random numbers），是一連串的數字，任何數字「都有可能成為下一個數字，機率一樣高」，而且「不可能依據已選取的數字，預測出下一個數字[10]」。數學對於隨機性的定義的重點在於選擇的**過程**是隨機的，而不是選擇的結果是隨機的。一個隨機事件，看起來可能跟另一個事件並無二致，但只要選擇過程是隨機的，這個結果就不重要。

　　人類對於隨機應該是什麼樣子，概念非常明確。而且我們重視的通常的是結果，而不是過程。這種傾向會引發問題。假設我扔硬幣十次，結果反面出現三次，正面出現七次，那我的硬幣是不是有問題？很多人看到這個結果，會認為我的硬幣是動過手腳的。我扔的如果是一枚「乾淨」的硬幣，正面出現的次數就不會比反面多。問題是我扔的硬幣並沒有人為加工（我敢向上帝發誓，我是從放著一大堆一分硬幣的罐子中，拿出一枚一分硬幣，連續扔了十次）。正面出現的次數比反面多，是隨機出現的結果。

　　你說，等一下，機率法則不是告訴我們，每次扔硬幣，正面出現的機率，跟反面出現的機率一樣都是二分之一嗎？所以連續扔十次硬幣，不是應該正反面各出現五次嗎？問題就出在這裡，這也是統計學入門課堂上的許多學生遇到的問題。是的，依據機率法則，**長期而言**正反面出現的機率確實相同，但那是**長期而言**。所以重點在於長期究竟有多長。而機率論所謂的長期，確實非常長。

　　假設我又連續扔了幾次硬幣（這次是我編出來的），每次出現的都是正面。那正面連續出現十次，有可能是隨機發生的結果嗎？這個結果不符合我們的預期，看起來一點都不像隨機發生的。話雖如此，連續扔硬幣完全有可能出現這種結果，而這種結果也完全是隨機發生的。我每次扔硬幣，正面出現的機率都跟反面一樣大（各佔50%）。我下次扔硬幣，機率又回到各50%。宇宙並不會記錄我每次扔硬幣的結果，也不會出手干預：「唉呀，正面出現的次數太多了。下一次一定要出現反面。」隨機的結果確實有可能連續出現，也會連續出現。只是人類通常認為，隨機發生的事件**不應該**形成固定的型態。若是形成固定的型態，我們就認為這些事件不可能是隨機發生的。

我們人類對於隨機事件的感知，是極為主觀的。我們不僅無法辨識出擺在眼前的隨機事件，即使有人要求，我們也沒什麼能力製造出連續的隨機事件[11]。物理學家雷納・曼羅迪諾（Leonard Mlodinow）在著作《隨機法則：左右你我的命運和機會》（*The Drunkard's Walk*），對於他所謂的「隨機事件主宰我們的人生」，提出很精闢的說明。他說：「要有想像力，才能感知到隨機事件，因為人們在生活中遇到的資料總是不完整，也總是不明確[12]。」我們不得不依靠想像力，因為我們的感覺系統，生來的作用就是將世上重要的事物最大化，忽視不重要的事物。問題是出在我們必須找出重要的事物的時候。我們的感覺系統並不只是被動的照相機或錄音機，照相機將鏡頭前的光記錄在底片上，我們的感覺系統則不同，不僅能「看見」、「聽見」世上的事物，還能解讀接收到的資訊。沒有一台照相機能解讀資訊。我們的感覺系統與照相機、錄音機不同，無法記錄我們所遇見的**所有**資訊。許多流入的資訊都還沒進入中央處理器，也就是我們的大腦，就已經流失，所以我們必須用想像力填補空白。

好事若是接二連三發生，一件緊接著一件，首先我們通常會認為好事不常發生，而且第二，好事不會一再發生在同一人身上。我們不相信宇宙會如此運作，這就代表我們對宇宙的了解，存在著很大的空白。為了填補這個空白，我們會從隨機事件中**歸納**出型態。

我們也傾向認為，事件會符合這樣的型態，背後絕對有原因。如果這些事件並不是偶然發生，那就一定是我們稱之為運氣的這種東西使然。

《牛津英文字典》對於隨機的第三項定義，加入了「無序……因此沒有可理解的型態或組合」的概念。大多數人在日常生活中使用的「**隨機**」一詞的定義，具有無序、無型態的概念。我們通常堅稱，真正隨機的事物絕對不可能會有型態。

許多例子可以證明，有時候在明明沒有型態與意義的情況，我們人類卻看到了型態與意義。思考一下所謂的賭徒謬誤〔Gambler's Fallacy，又稱蒙地卡羅謬誤（Monte Carlo Fallacy）〕。很多人對於機率的規則有所誤解，而賭徒謬誤就是這種誤解的知名例子。1913年8月18日，在惡名昭彰的蒙地卡羅賭場（Monte Carlo Casino），就是007詹姆士·龐德（James Bond）享用「用搖的，不要攪拌」的馬丁尼，也在賭桌上與大反派對決的地方，輪盤創下連續二十六次開出「黑色」的紀錄。小球連續第十五次滾到黑色的時候，玩家開始重押紅色，認為下一次開出黑色的機率應該是極低，而且更重要的是，**會愈來愈低**。玩家們下了兩倍、三倍的重注，賭場大肆賺進賭桌上的法郎。賭場贏得鉅款，玩家們離場的時候，則是比原先貧窮許多，但也許學到了寶貴的一課。

這次的情況，就是接連發生的隨機事件。輪盤轉動二十六次，連續二十六次開出黑色。賭場的賭客們認為，連續二十六次開出黑色，並不是出於偶然，而是完全是運氣使然。很多賭客認為，押黑色的賭客連贏二十六次，代表自己的**贏錢機會**即將到來，因為他們研判，押黑色的賭客的運氣已經耗盡，無法持續到下一局。其實真正主宰賭局的，是隨機與偶然。賭局的賭客們卻認為，賭局結果的型態與隨機及偶然無關，完全是運氣的問題。

史蒂芬‧古爾德（Stephen Gould）提到另一個能凸顯很多人遇到隨機發生的事件就一頭霧水的例子[13]。這個例子與出現在紐西蘭懷托摩洞穴（Waitomo Caves）的一種獨特昆蟲有關。懷托摩洞穴就像大多數的洞穴，陰暗又潮濕，最適合一種叫做藍光蟲（glow-worm）的昆蟲生活。藍光蟲其實根本不算是蠕蟲（worm），而是蕈蠅（fungus gnat）的幼蟲。藍光蟲在幼蟲時期看起來有點像蠕蟲，而且也會發光，因此得名。藍光蟲有一盞「尾燈」，身體的後端有一個器官，會發出藍綠色的光。藍光蟲的幼蟲是食蟲動物，意思是會吃其他昆蟲。其實牠們幾乎會吃附近的所有東西，連同類也照吃不誤。藍光蟲獵食的時候，會結成黏黏的絲網，發出亮光，等待昆蟲被幽暗洞穴中的亮光引來。昆蟲被黏黏的絲網困住，藍光蟲就能大快朵頤。

你若是造訪懷托摩洞穴，可以乘船遊覽，看看眾多藍光蟲聚集在黑暗的洞壁上發光的奇景。常有人將這種奇景與星星隨機散布在夜空相提並論。古爾德倒是不會如此比擬，因為他熟知星星在夜空分布的型態，也熟悉機率的定律。他說，他乘船遊覽洞穴，立刻發覺藍光蟲的亮光看起來一點也不像是隨機分布。他看著那些光的分布，發現他所謂的「抑制區」，也就是每一個發光的小小尾部四周的區域，都是「空地[14]」。因為有抑制區的關係，亮光的分布顯得很均衡，很一致，不可能會是隨機分布。在隨機生成的序列中，排列中應該要有叢集、串、漩渦以及各式型態。畢竟我們仰望夜空，就會看見型態。我們甚至會一再從夜空的隨機排列中看見型態，也將其一一命名：獵戶座、天秤座、雙子座等等。藍光蟲的排列看起來一點也不像是隨機分布。

　　古爾德研判，藍光蟲在洞穴頂部並沒有隨機排列，背後必然有原因，而且這個原因與藍光蟲的獵食行為極為相關。藍光蟲一定要慎選自己獵食的地點，絕對不能隨機停下，否則就有可能被鄰近的同類吃掉。藍光蟲必須離鄰近的同類夠遠，自己才不會淪為同類的食物。物理學家愛德華・珀塞爾（Edward Purcell）設計了一款電腦程式，論證古爾德的理論。電腦程式生成了兩組小圓點排列，每個小圓點代表一個發光的藍光蟲尾部。第一組的排列，是珀塞爾以隨機數產生器（random number generator）分配小圓點的位置。第二組的排列的產生方式，則是在隨機數產生器加上一項規則，因此小圓點就不再是隨機分布。在第二組的排列中，小圓點分布的規則是唯有在隨機分布的小圓點四周的空間，沒有其他小圓點的時候，才會依據隨機數產生器所產生的數字，分配小圓點的位置。這款電腦程式將抑制區的規則加入小圓點的分布機制，表現得就像一隻不想被同類吃掉的活生生的藍光蟲。第一組的排列是隨機分布（小圓點看起來會有部分成團、叢集、漩渦等，不均勻分布）。第二組的排列則是有序分布（小圓點看起來會是均勻分布）。但若是詢問受訪者，哪一種排列最能代表隨機分布？大多數受訪者都說是第二組的排列。

　　明明是有序的排列，我們卻看不出箇中的秩序。明明是隨機分布的排列，我們卻堅持要看到其中的秩序或規律，因爲我們的大腦不會計算機率。我們似乎天生就認爲，型態的存在能證明確實有秩序。我們爲何會如此？古爾德認爲，問題並不在於我們看見了型態，而是在於堅稱所有的型態都有意義，「尤其是認爲（這種意義）能讓我們安心，爲我們解惑[15]。」

其他許多科學家也察覺到我們與隨機的特殊關係，也發明大量詞彙，形容這種關係。兩位統計學家耶日・內曼（Jerzy Neyman）與埃貢・皮爾遜（Egon Pearson）研究統計決策，發現人類常犯兩種決策錯誤[16]。型一錯誤又稱僞陽性（false positive），意思是明明沒有意義，我們卻誤以爲有，例如誤以爲隨機的雜訊中存在型態。型二錯誤又稱僞陰性（false negative），意思是資料其實有意義，我們卻誤以爲沒有。

心理學家卡爾・榮格（Carl Jung）寫了不少文章探討他所謂的「共時性」（synchronicity），亦即認爲兩個沒有因果關係的事件互有關連[17]。榮格認爲，有些事件之間互爲因果，而有些事件之間的關連，則並不是因果關係，而是另有意義。他認爲，人生並不只是一連串隨機發生的事件。他認爲事件背後有一種基本的型態，不只是一個人的人生如此，而是從古至今每一個人的人生皆是如此。他將這種型態稱爲**集體無意識**（collective unconscious）。我們若是認爲同時發生的兩起事件之間，有某種有意義的關連，榮格就認爲我們看到的，其實是將天下諸事連結在一起的基本型態。

研究思覺失調症（schizophrenia）的德國神經學家與精神病學家克勞斯・康拉德（Klaus Conrad）發明**錯覺聯想**（apophenia）一

詞，意思是「在沒有明確動機之下，認爲事物之間有所關連，（並且）明確感到一種異常的意義存在[18]」。較爲近代的心理學家暨作家麥可‧謝爾默（Michael Shermer）發明了**型態認知傾向**（patternicity）一詞，意思是我們人類有一種傾向，「認爲無意義的雜訊中，存在有意義的型態[19]」。如果你曾在夏日消磨時光，尋找雲中的臉孔，或曾在義式臘腸披薩看見聖母瑪利亞，那你就經歷過**空想性錯視**（pareidolia），亦即在隨機的排列中看見意義（而且對於人類來說，最有意義的莫過於人類臉孔）。

　　神經科學家針對空想性錯視提出一種解釋，也許有助於我們理解，人類爲何如此容易在世上看見這種型態。瑞士的一個研究團隊，安排研究對象觀看人臉以及「類似人臉」的刺激（例如牆上的電源插座）的照片，並記錄研究對象的大腦活動[20]。結果發現，研究對象無論是看著人臉照片，還是看著類似人臉的物體的照片，大腦皮質的一個叫做紡錘臉孔腦區（fusiform face area，FFA）的地方的細胞會有所反應。紡錘臉孔腦區是大腦皮質的**顳葉**（temporal lobe）的一部分（位於太陽穴正下方），是專門負責在我們看見臉孔時，做出反應的大腦區塊。研究對象看見類似人臉的物體的照片之後，紡錘臉孔腦區的腦細胞反應速度極快（僅僅一百五十毫秒），因此研究團隊認爲，研究對象不需要停下來思考，大腦就會將他們看見的刺激，自動歸類爲「臉孔」。我們似乎天生就能在周遭環境看見臉孔。這幾個名詞的共同點，是人類特有的一種習慣，也就是不願接受隨機，反而堅稱明明是雜訊的事物有其意義。

　　所以我們人類不願意接受事情是隨機發生的，那究竟什麼是運氣？謝爾默也許也能回答這個問題。他發明了「**推動者存在**」（agenticity）一詞，意即人類的一種「非常普遍的傾向，會認為世界是由一群我們看不見，且懷抱刻意意圖的推動者控制[21]」。也許在人類史上的上古時代，我們遇見隨機發生的事件，也就是「事情就這麼發生」的時候，我們發明這個叫做運氣的東西，代表那一股看不見、捉摸不定、無法預測並引起事件發生的力量。在人類史上，我們經常將運氣與隨機性這兩種概念混為一談。

匹茲堡大學哲學系教授尼可拉斯・雷謝爾（Nicolas Rescher）寫道，運氣是人類生活不可或缺的一部分，因此他認為運氣定義了人類的狀態[22]。我們之所以極為重視運氣，是因為宇宙本來就不公平，而我們也夠理性，能理解宇宙是不公平的（這也不知道是該說幸運還是不幸），能理解無論我們怎麼做，好人也是會遇到壞事，壞人也會遇到好事。

運氣的類型

不少人相信，運氣是宇宙中一股看不見的力量，能瞬間改變我們的命運。不過更多人認同艾蜜莉・狄金生的觀念，亦即我們所謂的運氣，其實只是努力的結果。將一個事物命名，往往就會覺得自己能控制這個事物。很多人認為，我們不願意相信事情是偶然發生的，所以才將偶然命名為運氣。但人們對於運氣的看法，似乎也取決於所處的狀況。

舉個例子，2013年一項針對美國華盛頓州普吉特海灣（Puget Sound）居民的調查發現，70%的受訪者表示相信運氣[23]。其他調查則是顯示大約有三分之一的人，自認為「非常或有些迷信」，而且類似比例的美國國民（33%）表示，他們相信只要「發現一枚一分硬幣，撿起來，一整天都能享有好運[24]」。為何眾人的回答差異會如此之大？呃，也許是因為普吉特海灣的那項調查是在三月的第二週進行的。在這段期間，大家都自稱有愛爾蘭血統，喝綠啤酒，戴著搞笑的綠帽子，希望能招來著名的「愛爾蘭人的好運」。另外兩項研究分別在九月以及一月底舉行，也許在這個時候，盤據在多數人的心頭上的，多半是較為嚴肅的主題，例如工作、求學，還有在假期結束後，回歸日常生活的節奏。也許我們相信運氣的程度不一樣，是因為受訪時的需求不一樣。我們需要宿命相助的時候，也就是我們交叉手指、敲木頭、穿上幸運色，或是隨身攜帶幸運草的時候，我們就會相信運氣。而在其他時候，我們則是相信決心、準備、辛勞、練習，以及努力的重要性。

　　從詹姆斯・奧斯汀（James Austin）提出的幾種類型的運氣，即可看出我們相信的對象經常改變。每一種類型都是隨機機運與努力的組合[25]。他提出的第一種運氣，是偶然出現的意外，發生的機率微乎其微，而且我們沒有付出任何努力就能得到。我們坐在拉斯維加斯的賭城大道的賭桌上，都希望能擁有這種運氣。想像一下，你走進百樂宮酒店（Bellagio）的賭場，決定打撲克試試手氣。你在第一把就押上你家的農場，因為你手握同花大順，最後你走出賭場，已是百萬富翁，農場也還是你家的。這就是第一型運氣。你贏的機率並不高，在僅僅使用一副牌的情況下，拿到同花大順的機率，大約是六十四萬九千七百三十九分之一，但儘管機率如此之低，你還是全憑意外走運贏得大筆財富[26]。

第二型運氣則是加入了行動成分。行動能活絡局面。局面愈活絡，思想就愈有可能以新的方式結合，也許會產生更好的新結果。奧斯汀說，第二型運氣展現了「凱特林法則」（Kettering principle）。凱特林法則是以美國發明家查爾斯·凱特林（Charles Kettering）命名。凱特林於1876年出生於美國俄亥俄州的小鎮，憑藉自身的努力與決心，後來成為通用汽車（General Motors）的研究長（1920至1947年）。他持有一百八十六項專利，非常相信應該努力工作，（顯然）也相信應該一直工作，幾乎不間斷。他也說他相信運氣，（絕對是半開玩笑地）表示，他發現他工作愈努力，運氣就愈好。他建議想跟他一樣走上發明之路的人，「繼續努力，就有可能遇到好的構想，也許是在你最意想不到的時候。我從來沒聽說有人坐著不動，就能撞上好運[27]。」

路易·巴斯德（Louis Pasteur）的名言，道盡第三型運氣的精髓：「在研究的領域，運氣只會眷顧做好準備的人[28]。」這種運氣是偶然的機運與努力的結合。只要努力，無論不按牌理出牌又不理性的宇宙賜予你什麼樣的經歷，你的大腦都能看見其中的意義、型態以及連結性。巴斯德的宇宙，是一個神祕又幾乎看不見的世界，裡面有疾病、分子、微生物，他一輩子都在研究，訓練自己的大腦理解這個世界。他從未看過無法以耐心以及準備克服的挑戰。所謂幸運，其實只是看見了沒做好準備的大腦所看不見的型態。

奧斯汀提出的最後一種運氣，也就是第四型運氣，是行動、準備，以及個人獨特性格的結合。一個人會得到這種類型的運氣，是因為此人的特質與行為。運氣會眷顧我們，是因為我們有一項嗜好，所以會讓自己在適當的時機，出現在某個地點。也許運氣會落在我們頭上，是因為我們具有某種特別，而且往往鮮為人知的特質，所以能獲得好運。又或者是因為我們具有與眾不同的能力，能從獨特的角度研究問題，想出別人想不出的答案。幸運的成分除了行動、準備之外，還有個人特質，而這個個人特質通常並不明顯，有時連我們自己都不知道，直到「某個情況激發出這種特質[29]」。

　　我們從莎拉與艾蜜莉划船橫渡大西洋的故事，可以看見這四種運氣。這兩位美國印第安納州的居民，生長在生產玉米與大豆的美國平原地帶，在大學時期參與划船競賽，而且將橫渡大西洋的划船競賽視為一種機會，而不是一件只有在她們所搭乘的遊輪像石頭一樣沉沒的時候，才會考慮的選項。個人特質與個人精神的結合，讓她們得以擁有第四型運氣。莎拉自己將運氣定義為「一種意外的巧合，在正確的時間，出現在正確的地點，也有能力把握當前局面的優點」。這就是奧斯汀的第四型運氣最貼切的定義，她認為自身性格、行動、預期，以及世界觀的結合，是她受到幸運眷顧的原因。

　　這兩位女性不辭辛勞努力訓練，在內陸湖泊、河流、溪流划船，甚至不惜移居佛羅里達州，在海洋航道練習。顯然準備好的人較有機會擁有好運，也就是第三型運氣。她們把握每一個能練習長途划船的機會，也善用手邊的所有工具，準備接受前所未有的耐力考驗。

莎拉發現橫渡大西洋大賽的過程，則是展現了第二型運氣，亦即行動與宿命的結合。她始終希望拓展視野與能力，所以才會尋找下一個新挑戰，所以她才會在不知不覺中，走向這場大賽。最後，那個可惡的瘋狗浪則是第一型運氣的化身，是純屬偶然，就這麼從天而降。那個瘋狗浪改變了一切，她們不可能預作準備，也完全無法預料。

莎拉與艾蜜莉並未被瘋狗浪擊倒。2007年，她們划著一艘名為「未竟之業」（*Unfinished Business*）的船，再度參賽。這次是四人（莎拉、艾蜜莉，還有來自英國的喬‧戴維斯（Jo Davies），以及來自紐西蘭的塔拉‧雷明頓（Tara Remington））。這四位在2005年因為船隻翻覆或自己受傷，所以都沒能越過終點線。她們在2007年成功跨越終點線（拿到第三名），創下四位女性合力划船的新世界紀錄：用時五十一天十六小時又三十一分鐘。

運氣簡史

發行彩券即是課稅

抽取世間蠢人之油水

讚美上帝

稅收來得如此之容易

輕易上當乃是不變之王道

亨利·菲爾丁（HENRY FIELDING），
彩券之謬（*THE LOTTERY: A FARCE*，1732年）

世上最幸運的女人

1910年，保險業務員畢夏（F. Z. Bishop）得到一大片土地。這塊地位於科珀斯克里斯蒂（Corpus Christi）略偏西南西處，就在地勢平坦，氣候悶熱的德州南部。畢夏打算沿著現有的鐵路發展城鎮，也在城鎮周邊開發農場。他開始將土地賣給投資人、農民、牧民、夢想家、陰謀家，也賣給各路尋常人。僅僅四年後，第一次世界大戰爆發，「畢夏」已經成為一個約有一千兩百位居民的繁榮城鎮。第二次世界大戰結束時，當地已經有了一座大型化學廠，化學業取代了農業，躍居當地的經濟支柱。

第二次世界大戰結束後不久的畢夏，是史丹福大學博士、退休數學教授瓊‧金瑟（Joan Ginther）的家鄉。身為教授受人景仰，得到博士學位也殊為不易，但這兩項都不是她成為畢夏最知名的居民的原因。她是以幸運聞名，四度彩券中獎，每一次的獎金都超過一百萬美元。她在十七年間，贏得的獎金超過兩千萬美元，全都是彩券中獎所得。她身為數學教授，想必知道亨利‧菲爾丁對於買彩券的看法是正確的，卻還是照買不誤。

　　金瑟第一次中獎是在1993年，玩德州樂透中了五百四十萬美元。她第一次贏錢，玩的是選六個號碼的「傳統」樂透。她與其他贏家均分一千一百萬美元的總獎金，選擇分期領取獎金，而非一次領走整筆。十年後，也就是2003年，她再度中獎，這次贏得兩百萬美元。2008年第三度中獎，獎金三百萬美元，最近一次是2010年夏季，美美地領走一千萬美元。如果想知道這四次的總金額，總共是兩千零四十萬美元[1]。

　　她第二、第三、第四次中獎，玩的都是刮刮樂，一刮開便知輸贏，不是我們在電視上常看到的，透明合成樹脂箱中，印著號碼的乒乓球猛烈跳躍的刺激場面。她的朋友記得，她退休後住在拉斯維加斯，常常回到故鄉畢夏，探望年邁的父親。朋友們在市場的大前窗看見她，她就在這個市場買刮刮樂，一邊跟爸爸還有路過的人聊天，一邊刮著一大疊的刮刮樂，有時候一次就買五十美元。那些刮去紙卡上的乳膠漆的日子，最終有了豐厚的回報。德州彩券委員會（Texas Lottery Commission）表示，金瑟刮中一千萬美元的那一次，創下德州刮刮樂彩券史上單筆最高獎金[2]。

一個人四度中樂透的機率，是十八乘十的二十四次方分之一，也就是一八○○○○○○○○○○○○○○○○○○○○○○○○○分之一（總共二十四個零）。把這個數字跟其他數字比較一下，世上海灘的沙粒總數，約爲七萬五千兆（七・五後面加上十八個零）。美國國債只是區區十七兆美元左右（只有十二個零）。截至2020年12月28日，地球人口只有大約七十八億（九個零）[3]。由此可見這個機率有多小。

　　但金瑟的中獎機率，其實並不像數字所反映的那樣明確，那樣微乎其微。十八乘十的二十四次方分之一的中獎機率的**前提**，是金瑟每期樂透只買一張彩券，也就是這四次總共只買了四張。如果她每次買了不只一張彩券（顯然她就是如此），中獎的機率就會提高。我們應該審慎看待「提高」兩個字，因爲機率即使有所提高，也還是很低。她在1993年第一次中獎的機率，是一千五百八十萬分之一。2006年第二次中獎的機率，是略高於一百萬分之一。2008年的中獎率，是略低於一百萬分之一（九十萬九千分之一）。這些機率都高於十八乘十的二十四次方分之一，但正如我的一位親戚所言，「幾乎是零，而且『幾乎』剛剛出門了。」

　　金瑟第四度中獎的時候，記者大肆報導。如此難得、罕見、不尋常的事件，是最能吸引目光的人情趣味報導。彩券專家（他們很清楚，亨利・菲爾丁對於天下所有彩券的中獎機率的說法是正確的）以及新聞記者，對於金瑟究竟是運氣好，還是使了什麼伎倆提高中獎機率，是各持己見。許多記者認爲金瑟作弊，覺得僅僅是四度中獎這種根本不可能發生的天方夜譚，就足以證明案情不單純。

納桑尼爾‧里奇（Nathaniel Rich）在《哈潑雜誌》（*Harper's Magazine*）撰文，探討能證明金瑟連續中獎並非純屬走運的證據。里奇說，他發現金瑟中獎四次的原因，有三種解釋，三種都同樣說不通[4]。首先是所謂的「內神通外鬼」理論，亦即有人認為金瑟與Times Marekt彩券行的老闆串通。她三張中獎的彩券，有兩張是在這家彩券行購買。有人認為她請老闆將新送來的刮刮樂先藏起來，把「獎金最高的」幾張留給她。除非老闆有透視眼，否則我還真不曉得他怎麼能看出哪幾張刮刮樂「獎金最高」，但里奇的線人是畢夏的一名樂透玩家，尚未贏得大獎（至少在里奇訪問她的時候還沒）。她信誓旦旦說，這就是金瑟接連中獎的真相。

第二種說法與第一種相關，也就是除了內神通外鬼之外，還能破解用於產生刮刮樂上的數字的代碼。里奇在文章寫道，要做到這一點並不容易。彩券一次的印數通常是三百萬張，金瑟必須判斷出哪一張是會中大獎的彩券，還要知道那一張是運往德州的哪一家彩券行，還要設法讓那張彩券一定要送往畢夏，她得在畢夏購買，官員才不會覺得她形跡可疑。判斷出哪一張彩券能贏得大獎，還能掌握這張彩券銷售的地點，理論上是做得到，但實際上難度很大，而且除非有印製、發行刮刮樂的兩家大型公司內部人士相助，否則難以辦到。沒有證據能證明金瑟與這兩家公司串通。她幾乎不可能確保彩券一定會送往畢夏，好讓她有購買的藉口。

第三種說法，是金瑟之所以能四度中獎，是因為莫名的好運突然降臨。她正如畢夏居民所言，多年來大量購買彩券，中獎機率也因此提高。里奇對於金瑟的博弈行為做了一些基本的計算。他說，金瑟若是在過去十七年來（她第一次與最近一次中獎的間隔時間），每年大約購買三千張彩券，那她至少花了一百萬美元購買刮刮樂，中獎的機率也從難如登天，提高至不太可能（從十八乘十的二十四次方分之一，提高至八千分之一）。倘若眞是如此，那身爲統計學教授的金瑟，顯然「把她的所學忘得一乾二淨」，決定將第一次中獎所得，全數用於投資刮刮樂。里奇表示，她還不如走到她在拉斯維加斯住的大樓對面的賭場去賭輪盤，贏錢的機率比較高，而且頭獎獎金也高得多，絕非區區一千萬美金所能比擬。

其他幾位記者也提及里奇的文章中所呈現的資訊，每一位都刻意加碼暗示，金瑟之所以能屢屢中獎，靠的可不只是運氣。舉個例子，《每日郵報》（*Daily Mail*）表示，金瑟屢次中獎的第一個「疑點」，是金瑟住在拉斯維加斯。報導並沒有解釋，這一點爲何可疑。也許罪惡之城乾燥的沙漠空氣有種特殊成分，能讓居民刮中大獎。第二項「疑點」，是金瑟的數學博士學位。第三項則是她中大獎的時機，全都發生在「最近五年[5]」。報導此事的記者甚是疑心，但官方並沒有任何舉動。德州彩券委員會認爲金瑟純屬運氣爆棚，也不打算調查與她中獎相關的人事物。《休士頓報》（*Houston Press*）記者理查・康諾利（Richard Connelly）於2011年再度報導此事，表示「並未發現任何弊端的跡象，也未有任何指控，且並未進行任何調查[6]。」

畢夏當地的塞拉尼斯（Celanese）化學廠現已關閉，整個城鎮也逐漸沒落，一如美國各地許多只有一名雇主的小城鎮，一旦這位雇主離去，就只能走上沒落一途。里奇說，畢夏的居民似乎認爲，金瑟中獎純屬運氣好。他們還是會買彩券，希望好運也能突然擊中自己，但現在要買彩券可能比較困難，因為金瑟買到中獎彩券的Times Market彩券行現已停業。有些人會明言，但許多人不會說出的期盼，是金瑟能中獎四次，那別人應該也能中個一次吧。德州畢夏的其他行業雖說冷清，彩券還是會因為這個期盼而繼續暢銷。

你對於金瑟四度中獎的看法是什麼？她是「走運」還是「作弊」？照理說彩券的原理應該是運氣，具體來說應該是偶然的機運。金瑟花錢買彩券，是否擁有不公平的優勢？是不是一次中獎叫做運氣好，多次中獎就足以證明是作弊？

有些人堅稱她一定是作弊，才會中獎那麼多次。這種想法其實反映出人類的一種傾向，亦即只要看見事件有一定的型態，就會認定事件並不是隨機發生，也認為所有的型態一定都有其意義。「多次中獎」這種發生機率極低的事情，可能只是隨機的宇宙又一次閃出「一陣好運」，只是這一次降臨在一個名叫瓊‧金瑟的人身上，而且短時間內大概不會再次降臨。既然只是一陣好運，那想必沒有任何意義，所以我們大概不用急著逮捕誰。

金瑟接連中獎，究竟是運氣好，還是技術高超？大家都想知道這個問題的答案。如果答案是「純粹是運氣」，那我們怎樣才能走運？如果答案是「技術是關鍵」，那就拜託教教我該怎麼贏錢。無論答案為何，我們都希望提升好運降臨的機率。人類在與隨機機運以及運氣的漫長又複雜的關係中，幾乎已是窮盡一切手段，想找出戰勝運氣的方法。

運氣簡史

我們人類多半認為，運氣不是身為凡人的我們能控制的。我們只要不知道，或是無法解釋事件的起因，通常就會將無法預料、難以理解的事情，交給眾神處理。如果事情的起因很明確，我們也能理解，那就不需要尋求超自然的解釋。我們唯有在無法解釋的時候，才會尋求眾神相助。

賈斯汀·巴雷特（Justin Barrett）研究認知心理學，也就是人類如何思考，尤其是如何思考宗教。他說，人類天生具有許多心智工具，所以能迅速思考世上的種種事情。我們一降生在這個世界，就具有臉部偵測器與型態偵測器。我們一遇到臉龐與型態，我們身為靈長類的大腦的細胞就會瘋狂發射，讓大腦的其他區塊知道，眼前的事情可能很重要。我們還有另一項與生俱來的心智工具，就是巴雷特所謂的「推動者偵測器」（agency detector）。我們在世界上看到一個似乎朝著某個目標前進的型態，就會開始尋找這個型態的推動者。巴雷特說，推動者（agent）是一個生命，不只會「回應」我們周遭的事物，也會「展開行動」。推動者是事情發生的原因。人類已經演化成超敏感的推動者偵測器，認為發生的每一件事情背後，幾乎都有推動者。我們之所以發展出這種傾向，是因為正如巴雷特所言：「即使你判斷某個東西是推動者，結果卻不是，那也不會有多少損失。但你如果斷定某個東西不是推動者，結果卻是，那你的損失可就大了[7]。」

我們有超敏感的推動者偵測力，也有同樣強烈地認定所有型態皆有其意義的傾向。遇到美好或恐怖的事情，通常不會認為是偶然。在某些學者看來，這幾項特質相加，得到的結果就是**宗教**。人類推動者若是無法發揮作用，或是與現有事實不符，我們就會開始尋找看不見的超乎常人的推動者，通常又稱為神。

運氣、宗教，以及對於超自然能力的信仰之間，有一種存在已久、密不可分的關係。研究各種形式的文化的民族誌學者指出，我們對神說話，常常是向神求助，而且求助的內容很具體，希望在神的幫助之下，身體能早日康復、新的事業能順利開展、能擊退敵人等等。我們並不會純粹與神閒聊，而是求神助我們達成具體的目標，而且多半是我們認為自己無力控制的目標。美國作家安布羅斯‧比爾斯（Ambrose Bierce）為祈禱下了一個很諷刺的定義。他說，祈禱是「一個自稱不配的人，祈求眾神為了自己，廢除宇宙的定律[8]」。

如果是非常重要的事情，我們會祈求眾神出手相助。畢竟眾神之所以為眾神，往往是因為能控制我們無力控制的事情。大多數的人類文化（就算不是全部）都有一位幸運男神或幸運女神（或男女皆有）。人民需要祈求好運，避開厄運的時候，就會向這位幸運之神求助。求助的過程已經儀式化，求助的人運用咒語、聖像，以及護身符，勸誘眾神前來相助。

掌管宿命、運氣，以及命運的女神（偶爾也有男神）

我們現在談起運氣，通常是將古人認為南轅北轍的兩種概念結合在一起，一種概念是運氣，另一種概念則是宿命（或命運）。所謂宿命，是你注定要走上的人生。如果你相信宿命，那你的宿命在你出生的那一刻就已決定，而且因為是注定的，所以無論你怎麼做，此生從頭至尾都會依照宿命的劇本上演。宿命是無法改變的。在人類的歷史，人類認為宿命是由眾神決定，絕非凡人微小的力量所能控制。

英文的「宿命」（fate）以及「命運」（destiny）兩個單字往往是通用的。兩者的定義也相似，都代表一個人的人生的所有事件都已經預先決定、不可變更、無法改變。但命運有時確實也包含改變的概念。例如存在主義精神分析學者羅洛・梅（Rollo May）將命運形容成光譜[9]。在這個光譜的最左端，是無可逃避、預先決定的事件，好比我們的死亡、地震、災難，以及火山。而在光譜的另一頭，是我們雖然無力控制（我們從出生就生活在其中的文化，或是我們所處的歷史階段），但還是可以藉由行動予以影響的事件與情況。從這個角度看，命運也許已預先決定，但我們還是可以積極改變或是塑造命運所走的路線。

「宿命」一詞有時帶有一種無可避免的感覺，是一條在我們面前展開，無可改變的道路，只是我們尚未走完。命運則是蘊含我們自己的行動與選擇。聖方濟大學（St. Francis University）心理學教授理查・巴格迪爾（Richard Bargdill）寫到宿命與命運這兩種概念在人類歷史上的差異，表示：

> 一般而言，宿命這種概念，是承認生活有許多層面是我們
> 無從選擇，也無力控制的。這些事情是碰巧，是偶然，是
> 無意間發生在我們身上。這些事件、這些已知的事實塑造
> 了我們的人生……所謂命運，就是思考已經存在於我們的
> 過去的，那些尚未發展成熟的元素，藉此判斷未來。命運
> 是將這些元素投射到未來……一個人的命運需要用心、努
> 力，以及刻意的選擇，否則就不會實現[10]。

至於運氣的定義，哲學並沒有任何分歧。運氣就是偶然。我們
一生的運氣，涵蓋所有突然間，偶然降臨在我們身上的事情。運氣
是無法預測的，即使是眾神，也不知道我們的運氣會是如何。運氣
是定義與機遇最接近的詞，因為我們無法控制，所有的超自然力量
也不能。眾神知道我們的宿命，我們自己卻不知道。我們的命運是
自己塑造的。我們的運氣則是隨機的，無法預測的，而且有時候美
妙到不可思議。

運氣與舊石器時代

我們回到位於法國西南部的古老的拉斯科（Lascaux）洞窟。
洞窟於1940年重見天日，內有我們的石器時代先人創作的將近兩千

幅壁畫。這些壁畫是名副其實的史前，因為在創作之時，無論是語言，還是現代人以文字記錄我們所見、所聞、所做的習慣，都尚未出現。這些壁畫是石器時代生活的紀錄，至少在我們眼中是如此。研究壁畫的人類學者，將壁畫分為三類：動物、人類，以及抽象符號。壁畫所記錄的內容，似乎並不純粹是遠古先人所知的世界，至少**沒出現**在壁畫裡面的東西就是明證。例如石灰岩壁上就沒畫植物，也沒畫整體的風景。壁畫倘若純粹是裝飾用，那想必會有一些壁畫裡面有水果或是堅果。對於我們的遠古先人來說，食物至少跟動物一樣重要，而且對於作畫的人來說，食物是較為友善的合作對象，至少比原牛（aurochs）以及劍齒虎（sabertoothed tiger）聽話，比較不會亂動。

人類為什麼花這麼多時間與精神，在洞窟畫這些壁畫？關於這個問題有幾種理論，有人說壁畫是遠古的星圖，有人說壁畫是感覺剝奪（sensory deprivation）的產物，也有人說壁畫是十幾歲尼安德塔男孩的塗鴉，作畫的目的是……你猜對了，是想影響無法預測、隨機又多變的宇宙定律[11]。研究這種稀有且美麗的藝術的學者研判，我們的先人走進洞窟是要進行儀式，要讓作畫者接觸自己獵殺的動物的靈魂。描繪公牛與原牛的壁畫，也許是過往狩獵成功的紀錄，也許跟現代人裝填鹿頭，再架設在客廳的作法差不多。但壁畫也有可能是狩獵之前的儀式的一部分，目的是要引導宇宙的力量，讓接下來的狩獵更為順利。在洞窟的某些地方，動物壁畫屢次出現，顯然洞窟的這個地方與其他地方相比，與一次特別成功的狩獵，以及較為豐富的戰利品更有關[12]。

也有人認為壁畫的內容可能是幻覺，是某位遠古先人在與靈界溝通的儀式中，在恍惚中畫下的。我們產生幻覺的時候，我們的神經系統（以及遠古先人的神經系統）就會有一種傾向，會產生常見的圖像。我們會看見光點、波浪線、交錯的影線，以及環繞的螺旋線。這些視覺幻覺極為普遍，甚至還有專屬名稱，亦即內視現象（entoptic phenomena）。內視現象的英文字源自希臘文，意思是「眼睛之內」，是眼睛本身的視覺機制的產物。我們的先人留在洞窟的壁畫，就是內視的內容，因此某些專家認為，我們的先人進入洞窟，是為了與靈界交流，也將內視的內容，畫在洞窟的牆壁上[13]。不同文化、不同時代的壁畫內容竟然如此相像，這種神奇的相似之處，與我們人類的起源有關。

我們的尼安德塔先人拿著火把以及顏料悄悄走進洞窟，究竟做了什麼，現在的人只能猜測，永遠不會有定論。我們的先人留下的，只有他們顯然覺得非畫不可的美麗壁畫。我們沒有文字歷史紀錄可以參考，無從得知遠古先人信奉的眾神的名字，也無從證明創作這些神奇壁畫的遠古先人，真的相信某個神能主宰自然界。隨著歷史的巨輪稍微往前移動，人類希望隨機事件能朝著某個方向發展的時候所祈求的眾神，就會開始出現。

中部美洲的眾神

早期的中部美洲民族，包括阿茲特克人（Aztec）、馬雅人

（Mayan），以及印加人（Inca），相信宇宙是多層次，有秩序的，也創造了能展現過去、現在和未來的曆法。這些曆法極為複雜，是以仔細觀察太陽、月亮，以及星星的移動，作為基本原理。

這三大文明當中最古老的奧爾梅克文明（Olmec），相信有一個「世界之樹（又稱世界之軸），貫穿了組成世界的三大層，包括天空（上層世界）、人間，與陰間，也穩定了世界各層，同時也是一條穿越這三層的通道[14]」。宗教領袖需要動物靈協助，才能在世界的三層遊走，以改變村民的命運，或是治癒疾病。學者認為，以岩石或骨頭雕刻而成，既像動物又像人，而且往往看起來既奇怪又神祕的塑像，也許象徵一位薩滿變成動物，踏上穿越三層世界的旅程。奧爾梅克人認為，但凡會動就代表有生命，擁有活生生的靈魂。他們往往會將會動的東西當成神，予以崇拜、祭祀。我們人類的宿命與眾神以及有秩序的宇宙息息相關。在大災難降臨之際，人們就會從曆法尋找預兆，了解為何會遭受亂局[15]。

古阿茲特克人以血祭維持宇宙的秩序，也在必要時恢復宇宙的秩序。阿茲特克人、馬雅人，以及印加人的宗教信仰最為人熟知的特色之一，大概就是活人獻祭。但對於這種最高等級的獻祭在古代的舉行頻率，學者並沒有定論。獻祭是中部美洲文化的重心，也與幾則創造世界的神話的共同主題有關。

在儀式中適度獻祭，就能改變人類的宿命。將一個人的血塗在荊棘上，獻給眾神，即可完成血祭。將舌頭或是耳朵割下，用一張紙採集流下的血，再將這張紙燒掉，或是將血塗在神像上，眾神也許就會出手干預人間之事，也許會助你一臂之力。古阿茲特克人只要向他們信奉的特斯卡特利波卡神（Tezcatlipoca）獻上合宜的祭品，就能擺脫在自己出生的那一天即已決定的宿命。祂也會寬恕罪過、治癒疾病，但祂顯然不是拿了祭品就一定聽話，畢竟祂也能輕易奪走你在世間所擁有的一切，或是讓旱災與飢荒降臨你的村莊[16]。

非洲的約魯巴以及巫毒教眾神

巫毒教（Vodun，或美國化的「Voodoo」）是世界上另一個最古老的宗教。Vodun的意思是「靈魂」，「巫毒」一詞已經成為從迦納到奈及利亞的西非傳統宗教的統稱。再次強調，神靈存在於實體世界之中的一切人事物。自然界以及人類社會的運行，是由大神掌管，而個別的溪流、樹木、岩石，則是由小神掌管[17]。

瑪烏（Mawu）與伴侶里撒（Lisa），是創造世界的神，創造了世界以及世上的一切。瑪烏生下七名子女，每一名子女掌管自然界的某個層面。最年長的子女薩克帕塔（Sakpata）掌管人間與疾病。阿格貝（Agbe）為海洋之神。隱形的谷（Gu）是鋼鐵與戰爭之神。瑪烏最年幼的兒子是萊格巴（Legba）。萊格巴在宇宙並沒有特定的掌管領域，因為祂就像大多數的老么，等到祂出生的時候，哥哥姐姐已經分光了家產。整個宇宙都沒有祂掌管的地盤，所以祂就充當凡人與靈界之間的媒介。祂是「最重要的神之一……最常見的形象是惡作劇之神，因為祂要是不開心，馬上就會出手擾亂儀式，還會讓厄運降臨在某人頭上⋯⋯他是個喜怒無常的危險角色[18]」。

　　祖先崇拜也是巫毒教的特色。逝者的魂靈可以出現在生者身旁。巫毒教信徒可以祈求祖先相助，因為祖先是靈界與日常生活的世界的連結。在某些傳統，遇到問題可以向人類占卜師求助，由占卜師向占卜之神法（Fa）徵詢解決之道。在其他傳統，善於助人的神奧里莎（Orisha）能代表凡人向靈界求助。舉行儀式可以與靈界接觸，祈求神靈一起慶祝幸運之事，祈求終結或避開不幸之事，祈求治癒，祈求生產順利，或是祈求與婚姻或死亡相關之事。而獻祭動物的血、食物，或是禮物，就能不受惡靈侵擾，還能豐收，或是擁有好運[19]。

運氣與古埃及

　　貝斯（Bes）是埃及最古老的神。學者認為，貝斯可能是從非洲大陸的其他地區，也許是努比亞（Nubia）或剛果（Congo）傳入埃及。也許埃及人開始開創輝煌的埃及文化的時候，貝斯就已出現在尼羅河谷。在埃及，男神與女神的形象通常是輕盈、高雅、修長、細瘦，所以貝斯是個非常特別的神。貝斯在雕像與繪畫中的形象，是身材矮胖、羅圈腿，有時候有著獅子的頭，而且通常會伸出舌頭，眼睛又大又凸出。在埃及眾神當中，唯有貝斯在畫中看起來像立體的雕像或雕刻，是面向觀眾的，不像其餘眾神在畫中都是從側面看過去的側面像[20]。

學者認為，埃及塑像之所以有嚴格的「正面朝向觀眾」原則，國王、女王、男神，以及女神的塑像，都是直視觀眾，是與塑像的作用有關，與風格無關。神像通常是放在最需要求神相助的地方，也就是眾神最能協助悔罪者的地方。神像必須直視前方所發生的一切，「生者才能藉由儀式與獻祭，與神溝通」。

貝斯直視前方，因為祂是家庭的守護神，要將危害這個家的邪魔嚇跑。將貝斯的畫像貼在家門，全家都能避開厄運。埃及人也相信，每逢新生兒出生，貝斯都在現場，守護母子不受不幸與厄運侵擾。貝斯嚇走邪魔的舉動，還有另一項好處，就是能逗新生兒開心。在現代西方文化，嬰兒若是沒來由地微笑，我們會說小寶寶剛才放屁了。埃及人則說，嬰兒還看得到貝斯，之所以笑，是被矮矮小小的貝斯奇怪的表情逗笑。貝斯伸出舌頭，搖頭晃腦，睜大著眼睛，在屋裡跳來跳去，小寶寶覺得滑稽得很[21]。

沙伊（Shai）的形象有時候是一條蛇，有時候是人。祂掌管人類的命運，決定每個人壽命的長度以及死亡的方式。據說沙伊會與每個人同時出生，所以每個人都有專屬於自己的沙伊。一個人在生命的盡頭，也會有沙伊相伴。在論斷死者畢生功過的「秤心儀式」上，沙伊就站在心之秤旁邊。如果你的心的重量不如一根羽毛〔羽毛代表掌管真理、正義與秩序的女神瑪亞特（Ma'at）〕，那你的心就會歸還給你，你也會獲准進入來世。如果你並非善類，那你那顆因為生前作惡多端而沉重的心，就會被在心之秤下方伺機而動的阿米特（Ammit）吃掉（阿米特是「吞噬者」，擁有鱷魚的頭，獅子的身體，以及河馬的後腿）。沙伊的職責，是告訴負責評斷你一生功過的眾神，你在生前做了些什麼事，以及沒做什麼事[22]。

　　沙伊就像許多掌管運氣的神，也是喜怒無常。祂可以滿足你的心願，也可以降下災禍、痛苦與不幸給你。古埃及人認為不應汲汲營營追求財富，因為沙伊已經決定了你的宿命，任何人不得違逆。古希臘人將沙伊與另一位蛇神組合，形成名叫艾格沙狄蒙（Agathodaimon，又稱Agathos Daimon）的準神。這是一位比較仁厚的神靈，掌管亞歷山卓城（Alexandria）的算命行業。祂可能也是我們即將認識的堤喀女神（Tykhe）的丈夫[23]。

幸運之神是女的：希臘人與伊特魯里亞人

　　在希臘，掌管幸運的是堤喀女神（Tykhe，又稱Tyche），能賜給信徒好運、運氣、成功，以及財富[24]。堤喀女神的形象通常是伴隨著許多運氣與宿命的象徵。例如祂的某些形象是掌著船舵，象徵掌管世界的宿命。有時候祂則是拿著球，代表無法預測的宿命。球可能會滾向任何方向，是不可預測，也是隨機的，就像一個人的宿命。有時祂也會與豐裕之角（cornucopia）同時出現，代表宿命有時會惠賜豐饒給祈求者。祂有時則會轉動命運之輪，讓某些人陷入逆境，某些人迎來順境。各城市也會建造神廟，供奉某一種形象的堤喀女神，祈求祂守護他們的運氣與財富。堤喀女神有時也會戴著壁形頭冠。頭冠的形狀就像祂所守護的城市的城牆，也代表當地商會極致的自我吹捧，要讓天下人知道，繁榮與好運就住在雅典、阿波羅尼亞（Apollonia），或是赫洛斯（Helos）[25]。

古希臘人的宿命之神是三位女神，統稱摩伊賴（Moirai，又稱Morai）。第一位是克洛托（Clotho），負責將生命之線捲到她的紡錘上。拉刻西斯（Lachesis）以祂的杆子丈量每個人所分配到的生命之線的長度。阿特羅波斯（Atropos）負責剪斷生命之線，也決定了每個人死亡的時間與方式。阿特羅波斯的名字的意思是「無可改變」、「無可避免」，不難想像這個名字的由來[26]。

伊特魯里亞人（Etruscans）深受希臘文化影響，也沿用了鄰國希臘的思想、神廟與眾神。他們崇拜掌管運氣與宿命的諾爾提亞女神（Nortia）。史學家指出，伊特魯里亞人有個儀式，象徵一年的結束以及新一年的開始。伊特魯里亞人會在諾爾提亞女神的神廟的門框釘上一根釘子，代表宿命。釘子與宿命都將一個事物固定住，終結了變化與移動。釘子象徵一年或是一個生命就此停頓，不再前行。宿命讓我們停下人生的腳步，不再走向其他可能性。我們的宿命，也就是我們的人生道路，在出生的時候就注定了，從人生的一開始就如同被釘子固定住了[27]。

運氣與古羅馬

古羅馬人若是希望隨機事件能朝著某方向發展，可以向幾位神明祈求。摩伊賴三女神再度出現，仍然編織著生命之線，仍然決定著人們在何時、何地，又是如何死亡。三位在羅馬統稱爲帕耳開（Parcae）命運三女神。第一位是編織生命之線的諾娜（Nona，羅馬版本的克洛托）。祂的妹妹得客瑪（Decima，對應希臘的拉刻西斯）丈量每個人的生命之線的長度。最後一位是墨爾塔（Morta，對應希臘的阿特羅波斯），在預先注定的時刻，將生命之線剪斷[28]。

古羅馬有兩位幸運之神，首先是小神索爾斯（Sors），另一位是神力高強得多，地位也重要得多的女神，我們等一下就會介紹。「索爾斯」也是一種抽籤占卜的方法，是由人類崇拜的眾神所控制的一種預測未來的方式。一個籤（拉丁文的sorte）是一塊小小的板子，通常是木板，上面可能寫著知名詩人的詩作，或者是抽籤者的姓名。接下來要將籤（預測未來通常要抽不只一支籤）放入裝滿水的甕。籤在水中混雜之後，才會抽出，所以唯有宿命，也許是神明，才能決定抽出的是哪隻籤。籤也可以像骰子一樣擲出，擲出的樣式再由能與掌管抽籤的眾神溝通的祭司或女祭司解讀[29]。

在羅馬文化沒落之後，這種以抽籤預測未來，做出重大人生決策的習俗得以流傳下來。《聖經》無論是舊約還是新約，處處可見抽籤的例子。其中一個知名的例子是約拿，上帝要他前往尼尼微（Ninevah），勸說當地人改邪歸正，他後來被大鯨吞下肚。約拿不想遵照上帝的命令，於是逃往約帕（Joppa），花錢搭船，打算逃得遠遠的。這可逃不過上帝的法眼，上帝「使海中起大風，海就狂風大作，甚至船幾乎破壞」。水手們感到害怕，抽籤問神，船上究竟是何人冒犯了上帝？他們抽籤，「掣出約拿來」，於是他們將約拿拋入大海。約拿被大鯨吞下肚，有充裕的時間可以好好思考，自己到底是哪邊得罪上面那位大佬[30]。

在歷史上，索爾斯在幸運之神這個行業的地位與光環，幾乎全被競爭對手遮蓋。福圖納女神（Fortuna）能賜予好運，也能降下厄運。祂的形象多半是戴著面紗或蒙著眼睛，一如現代的正義女神，象徵宿命的不可預測性，也代表好運不見得每次都會降臨在最應得好運的人。祂的形象通常也拿著堤喀女神所拿著的象徵：豐裕之角，代表祂能賜給某些人財富以及大量的好東西。或是手持船舵，也可能是坐在有輪子的神座上，代表命運之輪，也象徵人生的起伏[31]。

福圖納、堤喀以及諾爾提亞就像許多掌管運氣與宿命的女神，原本是掌管繁衍的神，保佑大家作物豐收、子孫連綿。在許多宗教，懷孕、宿命以及死亡是有關連的。也許正是因為知道每個人遲早會走上同樣的宿命，所以我們人類才會這麼努力，想扭轉無可避免的宿命。無論宗教信仰、文化、社會階級，或是畢生累積了多少玩具，每個人的結局都是完全可預測的，卻也是無從預料的（謝天謝地）。想像一下，要是能改變這個宿命該有多好，我們人類已經想像過很多次了。

運氣與印度

無論是古代還是現代文明，運氣常常與發財混為一談。畢竟還有什麼比突然發財更幸運呢？（fortune這個英文字的另外一種定義就是財富）。印度的幸運之神有兩位，一位是男神迦尼薩（Ga-nesha），另一位則是女神吉祥天女（Lakshmi）。迦尼薩是濕婆神（Shiva）與難近母女神（Durga）之子，也是「去除難關者」。祂的外型很顯眼，有大象的頭，還有大大的肚子（編註：因此又稱為象頭神）。至於祂的外型為何會如此特別，最常見的說法是迦尼薩介入父母之間，父親濕婆神一怒之下將祂的頭斬斷。一位幸運之神竟然會遇到這種事，未免太不幸了。濕婆神後來給祂象頭，還有一個大肚子，免得祂的外型太有吸引力。迦尼薩最常見的形象，是靠在臥榻上。祂能賜給信徒好運、財富、美食，以及奢華享受。迦尼薩在民間的形象，經常是與掌管財富、繁榮、運氣，以及與美麗的女神吉祥天女一同出現[32]。

運氣與中國

在古代中國的民間信仰，運氣這回事稍微複雜一些。中國民間信仰是以三項原則為基礎。第一項原則是命運（你自己的命運），第二項是緣分（命中注定的巧合），第三項是報應，也就是宇宙對你一生所作所為的總結算[33]。命運既是不變的，也是可變的。這種觀念認為你一生的運氣、你人生的狀態是不變的。而你做的選擇、你做的決策則是靈活的，而且還會改變你的人生的方向。緣分的概念大致等同西方的運氣，包含那些隨機發生、我們無力控制的事件。我們生活在講求道德的宇宙，所以我們所做的一切，無論是好還是壞，都會影響我們人生的走向。中國的信仰就像其他許多信仰一樣，也認為一個人在生命結束之後，畢生所作所為都要經歷總結算。報應則是「有紀錄的歷史以來，中國信仰的基本觀念[34]」。這三個密切相關的概念，再加上平常為了特定的問題、工作、社交，以及我們的老朋友生活而祈求，種種因素交織在一起，決定了我們的宿命。

你可以直接向中國宮廟中供奉的眾多男神、女神，以及半神獻上供品。這些男神女神很多都是歷史人物或是民間英雄，因為英勇犧牲，或是生前堪為世人表率，而受到神化與崇拜。例如掌管財富的財神，可能是秦朝時代（西元前221至206年）的真實人物。相傳財神為皇帝的長輩親戚，因為批評皇帝生活奢靡（無論血緣關係有多親近，這樣做都很危險）而被處死。財神的犧牲終結了皇帝的統治，秦朝也因此滅亡。財神在畫像與塑像的形象，是騎著一頭象徵力量的黑虎，手握能將鐵變為金的鐵棒。在中國新年期間，到財神廟燒香祈求，即可獲得財富[35]。

中國神話有三位神分別代表好運與幸福（福神）、興旺與成功（祿神），以及長壽（壽神）。中國人向來是在中國新年期間，或是需要祈求好運、財富、健康的時候，會向福祿壽三神獻上供品[36]。中國各地的許多住家與商店，都能看見福祿壽神像，因為福祿壽是美好生活的三要素。福神的形象是身穿紅衣，紅色是代表幸福的顏色。祿神神像則是身穿官服，代表在朝廷身居要職。壽神是一位面帶微笑，心情愉悅的長者，拿著象徵永生的壽桃，還有一個裝著長生不老仙丹的葫蘆。

在混亂中找出秩序

從古至今,世界各地發展出無數文化,數量多到這本書礙於篇幅,無法一一介紹。例如,掌管過去、現在與未來的諾倫三女神(Norns)。世界之樹(Yggdrasil)是宇宙的根基,在三位女神的照料之下,健康茁壯。根據北歐神話,三位女神坐在世界之樹之下,智慧之泉旁,拉長每個人的命運[37]。還有眾多凱爾特(Celtic)神明生活在愛爾蘭、蘇格蘭、威爾斯的樹上與水邊。因紐特(Inuit)、切羅基(Cherokee),以及毛利(Maori)的眾神也護佑著我們。

我討論了人類努力在宇宙撥亂反正的故事的一些重點。值得討論的重點很多。人類創造的每一個社會,都相信有某種強大的主宰,有時候是一位神明,有時則是眾神居住的整個城市。但世界各地差異如此之大,為何在這一點上如此一致?

大多數探討宗教的文化功能的理論,都主張人類社會但凡具有任何一種共同的信念,都能得到許多好處。首先,宗教信仰能帶來一種共有的認同感。宗教也是美好生活的指南,能擴張我們的意識,讓我們注意到平凡度日之外的人生,還能引導我們理解自己遇到的事情,尤其是在我們覺得莫名其妙的時候[38]。理解看似沒有道理的事情,似乎很重要。學者認為,信神雖然往往不符合我們所理解的世界運作的基本概念,但說到底,我們信神就能「想像出些微可能存在的超自然世界,能解決包括死亡、欺騙在內的存在問題[39]」。

杜克大學的艾倫・凱（Aaron Kay）表示，人類之所以會有相信強大神靈的傾向，是因為人類希望宇宙是合理的，有秩序的。他說，我們會因為隨機發生的事情而焦慮，而一旦焦慮，「即使面臨無序的情況，也會竭盡全力重申眼前的情況是有序的（例如責怪意外遭到不幸的人，或是認為隨機的排列是有固定的型態[40]）。」所以我們若是遇到個人無法控制，全由偶然主宰的狀況，往往就會開始尋找外部推動者，或是可以責怪的人。

　　在瓊・金瑟接連刮中彩券大獎的例子，人們的傾向似乎是（一）不相信她接連中獎是偶然、（二）認為金瑟作弊，殊不知要想作弊成功，必須具備女神等級的神力，也許要有福圖納女神、堤喀女神的等級，才能牢牢控制局面，絕非區區一位退休統計學教授所能搞定，以及（三）歸因於好運這位大家熟悉的老朋友。在一個有秩序的宇宙，這種事情是不可能發生的。也許我們真正想要的，是莫名其妙的好運能更常降臨，降臨在更多人身上，尤其是（眾神，如果祢們在聽的話）降臨在我頭上。

運氣與心理學
論身為群居動物

好運一如涓涓細流，厄運則像滾滾洪流。

愛爾蘭諺語

世上最幸運的男人

費拉諾·塞拉克（Frano Selak）是位矮矮胖胖的先生，一微笑就會點亮整張臉。他看起來就像大家最喜歡的爺爺，也像正在休假的聖誕老人。據說他是世上最幸運的男人[1]。他說，他的人生一開頭就好運連連。1929年6月初的一個風和日麗的日子，他的爸媽正在釣魚。這時懷孕才七個月的母親卻開始分娩。父親接生了小費拉諾，卻用冰冷的海水為他清洗，差點要了他的小命。新生嬰兒無法迅速調節自己的體溫（所以在很多文化的傳統習俗，即使在酷暑，也會拿毛毯當作嬰兒襁褓）。慌亂的一家人趕到醫院，新生的兒子已經冷到僵硬發青。是醫院的醫師出手救命，費拉諾才能活下來，述說他遭遇過的幾起瀕死經驗的第一起。

以音樂老師為業的費拉諾說，他出生時雖然差點凍死，但之後的三十年堪稱平靜。他進了音樂學院，學會作曲，也會彈奏鋼琴與手風琴。他結了婚，有了兒子，後來離婚又再婚。這些都是人生常有的事，與逃過死劫無關。但從1962年開始，費拉諾卻遭遇一連串意外事件，隨便一件都有可能要了他的命，幸好他逃過鬼門關。

他眾多差點喪命的事故的第一件，是1962年的冬季，他搭火車從塞拉耶佛（Sarajevo）前往杜布羅夫尼克（Dubrovnik）。他說，他所搭乘的火車出軌，墜入冰冷的河水。幸好他打破窗戶，游至安全處，也救了一位坐在鄰近座位的年長女士。共有十七名火車乘客喪生，費拉諾沒有大礙，只是手臂骨折，體溫過低。

一年後，也就是1963年，他搭乘的飛機掠過一座山的山頂，不幸墜毀。在飛機撞上地面的過程中，費拉諾從飛機的後門摔出去，或者應該說被吸出去，從八百五十公尺（將近三千英尺）的高度墜落。共有二十名飛機乘客喪生，費拉諾倒是倖免於難（只不過真的是有驚無險），因為他墜落在很大一堆乾草上。他說：「我在醫院昏迷了三天才醒來。醫生說我簡直是奇蹟。」他也說，那是他第一次，也是最後一次搭飛機。

他往後也該想想還要不要搭車。他搭飛機、坐火車倖免於難，搭車也屢次與死神擦肩而過。1968年，他安然度過一起公車事故。這次是他搭乘的公車從結冰的路面滑落，摔下橋樑。這次沒人喪生，與他一起搭乘公車的二十五名學童，在意外發生僅僅幾分鐘前下車。

1970年代，他也安然度過兩起火燒車意外。在第一起事故，他自己的車顯然想要他的命。燃油泵出了問題，汽油噴灑在炙熱的引擎上，導致火焰從排氣口燒進車內。費拉諾的頭髮被燒焦，幸好他與妻子趕在油箱爆炸幾秒前逃離火場。在第二起事故，他駕駛的車子突然起火，他與妻子不得不跳出正在行駛（也正在燃燒）的車子。他說，他這兩次都是在「千鈞一髮之際，在火焰即將吞噬我們之前」逃出生天。

他在出生那天，差點被冰冷的海水凍死，那是他第一次閃過鬼門關。火車事故是第二次，墜機意外是第三次，公車事故是第四次，兩次火燒車分別是第五與第六次。第七次發生在1994年，身為克羅埃西亞戰爭難民的費拉諾駕駛著汽車，被聯合國維和部隊駕駛的裝甲車撞上。費拉諾的車子滾離路面，滾進一個很深的坑。他及時跳出翻滾的車子，除了斷了三根肋骨，臀部受傷之外，別無他禍。他說，他坐在樹上，看著車子墜落坑底爆炸[2]。

最後在2002年，顯然受到好運眷顧的費拉諾，贏得將近一百萬美元的克羅埃西亞彩券獎金。他拿獎金興建了一座小教堂，「感謝上帝讓我多次逃過鬼門關，又中大獎[3]。」

費拉諾接連逃過死亡意外，如此不可思議的好運，也招致一些疑問。如果你看過關於他的神奇人生一篇以上的報導，就會發現有些地方兜不攏。不同的報導對於每起意外的死亡人數的說法並不一致。一則報導說公車意外無人受傷，另一則卻說四人死亡。一則報導說他臀部受傷，坐在樹上看著自己的車子燃燒，另一則卻說他在千鈞一髮之際及時跳車，（毫髮無傷）看著車子墜毀。

資料有誤並不稀奇，所以這幾起意外的經過，確實有可能正如費拉諾所述。但費拉諾所述是否百分之百正確，也有可能其實並不重要。天底下哪個人敢保證，自己的記憶百分之百正確？仔細看看大量的費拉諾相關報導的標題，很快就會發現一個共同點。每一則報導都說，他是幸運的化身。

運氣的心理學

就算費拉諾僅僅一次與死神擦肩而過，我們還是可以問一個很重要的問題：他是幸運，還是不幸，還是兩者皆是？這個問題的答案，取決於一個較為基本的問題的答案：「什麼叫做幸運？」費拉諾於2010年接受《電訊報》（Telegraph）訪問，也回答了這個問題。他表示，他打算將彩券獎金捐出，以簡化自己的人生。他說：「我從不覺得能屢次逃過鬼門關算是幸運。我覺得是運氣不好才會遇到那些意外[4]。」

我們已經知道，對於自己遇到的事件，我們若是無法以其他方式預測或是解釋，就會歸因於運氣。一定是運氣的關係，或者是法國人說的，不得已而退而求其次（因為事件缺乏更好的解釋）。我們尋求因果關係中的起因與運氣密不可分，因此最好也看看人類行為研究對於運氣的論述。首先看看探討我們如何判斷周遭環境的事件與行為起因的心理學的一個分支。

心理學對於運氣的正規研究，是從心理學的一個分支，亦即**社會心理學**開始。社會心理學是「研究人們如何思考他人，如何影響他人，以及如何與他人和睦相處[5]」。法國哲學家沙特（Sartre）有句名言「他人即是地獄！」但儘管如此，我們與其他人的互動，確實對於我們的心理、情緒，甚至身體健康都影響甚鉅[6]。人類是群居動物。我們需要社會接觸才能存活，也才能成功。我們在群體中養育後代，我們與其他人類建立關係。我們群體聚居，生活在更大的群體之中（家庭、社會、文化）。我們與其他人有著長久，有時候甚至是永久的關係。這些都是群體動物的特質[7]。

我們與其他人類的互動，創造了我們的社會世界。在基本的層面，每一個社會互動都有一個行動者（做出行動的人），還有一位觀察者（觀察並解讀行動者的行動）。社會心理學研究這些互動，也探討我們如何運用感知外部世界的能力、記憶力、學習能力，以及依據自身的認知，調整自己的行為的能力等，並解讀這些互動。我們動用每一件社交工具，細細檢視周遭的世界，努力了解、解讀現正發生的事，預測接下來會發生的事，尤其是在跟其他人類互動的時候。

運氣與歸因理論

社會心理學研究的一大重點，是我們如何解讀其他人的行動。換句話說，我們如何解釋行為的原因。我們需要其他人類，才能維持身心健康，因此我們非常用心解讀其他人的行動。若是對其他人的行為判斷錯誤，後果可是很嚴重的。

想像一下，你在天色昏暗的夜晚獨自走在街道上，時間很晚了。你走過街角，有個大塊頭朝你跑過來，步伐搖搖晃晃的，奇怪得很，蹦蹦跳跳，還發出動物般的詭異叫聲。你必須評估眼前的情況，而且要快！這個人在幹嘛？我是不是有危險？我該不該趕快跑走？他幹嘛這樣？

再想像一下同樣的場景，只是有少數幾個地方不同。你在7月4日（美國獨立紀念日）的深夜，與一群朋友一起走在街上。當地的煙火秀剛結束，眾人歷經漫長又炎熱的一天，紛紛走向自己的車子，準備回家。朝你跑過來的大塊頭其實是兩個人，是一位父親肩上扛著孩子，衝在人群前面。你大概還是思考剛才的那些問題（尤其是那對父子若是突然出現），但你對於這位父親的行為，以及行為背後的原因的解讀，會很不一樣。

我們所處的社會情境會深深影響我們對於周遭一切的理解與解讀。你是獨自一人還是與一群人同行，朝你走來的陌生人是獨自一人還是與人同行，這位陌生人的行為在炎熱的七月晚間是否「正常」合理，都會影響你對於這段經歷的理解。我們運用這些社會線索，解讀自己以及其他人的行為。例如在第一種情境，你可能會問自己，這位朝你走來的陌生人是否心懷不軌。這個解讀會影響你接下來的行動：你認為此人不懷好意，所以你應該盡快逃離。在第二種情境，你可能認為這位陌生人是個慈愛的父親，他的孩子是「獨行俠」，而他甘願當「白馬」。這時你的反應會截然不同，你會哈哈大笑，在父子倆經過的時候，大喊「馬兒快跑」，參與這位陌生人的行為，而不是避開。

這種分析又稱為**歸因**。我們思考自己以及他人的行為，並加以解釋[8]。研究歸因以及歸因用途的知名學者哈羅德・凱利（Harold

Kelley）曾說：「歸因理論是研究……（人們）如何回答『為何』開頭的問題的學問。[9]」移居堪薩斯州遼闊平原的奧地利心理學家弗里茨‧海德（Fritz Heider，1896至1988年），是世人眼中**歸因理論**之「父」[10]。海德認為，我們對於他人行為的歸因，通常聚焦在他人長期穩定展現的特質。他說，我們會從周遭的環境，尋找不會改變，或是改變極慢的特質，並運用這些穩定的特質（稱為「不變性原則」），解釋我們遇到的事情。我們不太可能會認為，讓小孩把自己當馬騎的父親是第一次這樣做，而且往後再也不會這樣做。我們很有可能認為，這對父子之所以如此互動，是因為兩人長期存在的特質。我們認為父子倆的行為足以證明，他們就是那樣的家庭。

海德也主張，我們與周遭的環境互動，會遇到兩種**個人特質不變性**。首先，而且從社會心理學家的角度來看也是最重要的，是我們遇到的人的特性，也就是海德所謂的**個人特性**，例如性格與能力。一個人之所以會有某些行為，是因為受到內在固有特性的驅使。舉個例子，我們可能覺得那位爸爸喜歡跟自己的小孩玩耍，願意做出「傻樣子」逗孩子開心。我們用於解釋一個事件的原因的第二種特性，是**物件特性**，例如環境中物品的顏色與大小。海德將這些特性稱為**情境歸因**（situational attribution）。我們認為行為發生的情境有某些特性，導致行為發生。舉個例子，我們可能會認為體型碩大的人，在深夜時分走在街上，舉止又詭異，想必是心懷不軌，我們應該要盡全力避開[11]。

現代歸因理論主張，我們所做的歸因會隨著三個層面而有所不同。首先是**內部與外部層面**（亦即海德的「個人特性」與「物件特性」，只是換個名稱），統稱為**因果向度**（locus of causality）。第二個是事件起因的**穩定性**。第三個是我們認為自己能**控制**事件起因的程度[12]。

假設你開著車子行駛在路上（也許是看完煙火秀要回家），車子引擎突然噗噗作響，開始噴出藍煙，漸漸停下來不動，不肯再往前走。如果你認為事情之所以發生，是因為你對汽車一竅不通，而且直到該死的車子故障，你才想起基本的保養程序，那你所做的就是**內部（個人）歸因**。你把事情的起因，歸咎於你這個人的特質。但你若是認為，是因為現在生產的汽車品質不佳，原本開車的你才會突然變成行人，而且你的愛車已經十四歲，那你所做的就是**外部（情境）歸因**。你認為事件的起因是你所處的情境的一部分，而不是你這個人的一部分。

我們所做的歸因的穩定性也有所不同。你可能認為你的愛車突然故障，只是再一次證明你對於機械始終不在行。如果你認為不擅長處理機械，是你向來不變的特質，那你所做的就是**穩定歸因**。但你若認為車子故障只是暫時失靈，是突如其來的意外，短期之內應該不會再發生，那你做的就是**不穩定歸因**。

第三個層面是你能**控制行為的程度**。有些行為的起因是可以控制的（至少有可能控制），有些則無法控制。你可能認為車子故障，是你可以控制的事情。倘若有定期保養車子的習慣，或是上次開車走上坡路的時候，留意到引擎發出的不尋常的敲打聲，車子這次就不會害你困在路邊。要知道你不見得能控制當下發生的事情，但你停下來想想汽車故障的事，可能會認為你只要控制得當，事情就不會發生。你也有可能認為車子故障是隨機降臨在你身上的事件，無可避免，也不屬於你能控制的範圍，是無法控制的事件。

這些因果關係的層面會彼此互動，緊密相連，因此形成一些不斷變動的原因，讓我們得以解釋周遭發生的事情。我們歸納出的原因，通常有四項特質：我們自己的**能力**、我們為達成目標而付出的**努力**、眼前任務的**難度**，以及，你猜對了，**運氣**。一般而言，「（普遍認為）能力是內部的、穩定的，無法控制的。努力是內部的，不穩定的，可控制的。任務的難度是外部的，穩定的，可控制的……運氣是外部的，不穩定的，無法控制的[13]。」我們若是認為事件之所以發生，與我們自己的能力、努力，事情的難度無關，那就會歸因於運氣。排除了其他因素，我們就認為是運氣使然。

影響我們會使用哪些歸因，以及何時使用這些歸因的因素，在社會心理學界掀起熱烈討論。我們以費拉諾某一次逃過鬼門關的經歷為例。不幸從橋上墜入河中的公車的司機回顧整個經過，也許會認為罪魁禍首是結冰的路面、磨平的輪胎，或是公車後方的減震器失靈，導致公車在前往橋樑的陡峭路面上失去平衡。這些都是**外部歸因**。這些關於事件起因的分析，是聚焦在公車司機所處的情境或環境，而且是從司機能接受、能安心的角度解讀整起事件。這幾種歸因沒有一種要求他思考，會不會是因為他的駕駛技術不佳，或是注意力不集中，才發生意外。

從另一方面看，司機也許認為之所以發生事故，是因為他行駛在難走的結冰路面上的時候，費拉諾一直喋喋不休說著音樂的瑣事，害他沒能專心開車。司機將公車事故歸咎於費拉諾的內部特質，自己又能顯得最無辜。他也許認為：「面對如此困難的狀況，我已經盡力了。都怪那個費拉諾。都怪他話太多。會出事都是他的錯。」公司司機可能認為話多是費拉諾一貫的特質，費拉諾走到哪裡都是這樣。他也有可能認為話多是不穩定的特質，只在這一次出現，也許是費拉諾太擔心那天的天氣，還有結冰的路面，才會喋喋不休。

假設公車車況正常，費拉諾一路上都在靜靜看書，司機也專心開車，時時留意路況。但公車卻仍然失控，墜入冰冷的河水，司機與費拉諾都嚇出一身冷汗。在這種情況，可能會純粹歸咎於運氣不好。

歸因謬誤

我們經常在歸因，往往是在不知不覺中完成。假設我們反覆練習歸因，你可能會認為練習多了就會擅長。可惜並不是這樣。我們在歸因的過程中會犯錯，而且這些錯誤出現得太頻繁，太規律，都發展出專屬名稱。在**含糊情況**，歸因錯誤經常發生。含糊清況的特色就是具有不確定性，事件可以有不只一種解讀，很難斷言事件的內容究竟為何。舉個例子，海德發現人們在含糊情況所做的歸因，往往反映出自己的慾望，而非詳情的情況[14]。我們最強烈，也最持久的慾望之一，是擁有一個正面的自我形象，希望能認為自己是能幹的成功人士。為了維持這種正面的自我形象，我們通常會認為自己是因為有才華、有能力才能成功，失敗則是因為陷入不利的情況，或是被其他人拖累。這種歸因謬誤稱為**自利偏誤**（self-serving bias）。在費拉諾經歷的那一趟公車事故，公車司機很有可能將事故歸咎於路況不佳，或是車況不佳，卻認為他之所以能保住乘客與自己的性命，是因為他是個技術高超的專業司機。

含糊情況也會導致另一種歸因偏誤，亦即**敵意歸因偏誤**（hostile attribution bias）。我們有一種傾向，若是很難理解別人的行為，往往就會認定這種行為是惡意，而非無害或善意。我們會這樣做，其實很容易理解。人類為了滿足基本生存需求，長遠來看最好還是先假設別人懷有惡意較為安全。我們只需要思考判斷錯誤的後果就行了。研究人員發現，具有攻擊性的人比不具有攻擊性的人，更常犯下這種歸因偏誤，而且具有攻擊性的人也比較容易遭受不具有攻擊性的人的敵意歸因偏誤（被認為懷有惡意）[15]。我們想理解他人的行為，以及行為背後的原因，就會參考我們對此人已知的事實。我們若是知道此人具有攻擊性，就會認為此人的行為多半懷有惡意、具有攻擊性。

還有一種叫做**後見之明偏誤**（hindsight bias）。我們在他人的要求之下，思考事件發生的機率的時候，會為事件增添一種很有意思的**轉折**。所謂後見之明偏誤，意思是「我們得知一個事件的結果後，對於我們當時的行為，或是當時該有的行為，會有不同的看法[16]」。以2018年美國喬治亞州州長選舉為例，民主黨的史黛西·艾布拉姆斯（Stacey Abrams）與共和黨的布萊恩·坎普（Brain Kemp）競爭州長寶座。假設在投票日的一個月前，有人請你預測艾布拉姆斯在亞特蘭大地區的得票數。你知道共和黨在喬治亞州佔優勢，但亞特蘭大都會區是喬治亞州境內少數由民主黨佔優勢的「藍區」，所以你估計的得票率是60%。快轉到州長就職日，你發現艾布拉姆斯在亞特蘭大的得票率超過80%（但她還是以些微差距敗給坎普）。要是我現在問你，你最初預測的得票率是多少，你可能會受到後見之明偏誤影響，很篤定地對我說，你從一開始就認為艾布拉姆斯在亞特蘭大都會區的得票率會有70%。你估計的得票率為何會改變？根據社會心理學家的分析，假設你沒有刻意說謊，那你就是運用剛剛收到的新資訊，更新你對於情況的理解。我們若是不記得原本的預測或判斷，就特別有可能這樣做。我們運用當前的回饋，修正我們過往估計的機率，因此得以「拋棄不正確的資訊，擁抱正確的資訊，進而理清原本凌亂的大腦[17]」。

最知名的歸因偏誤，也許是**基本歸因謬誤**（fundamental attribution error，FAE），以及它的伙伴**行動者－觀察者偏誤**（actor-observer bias，AOB）[18]。我們想了解他人行為背後的原因，基本歸因謬誤說，我們往往高估了個性與性格的影響力。他人會有那樣的行為，是因為他們就是那樣的人。我們想了解自己的行為背後的原因，行動者－觀察者偏誤說，我們高估了情況的影響力，低估了我們自己的特質的影響力。畢竟我們很清楚自己是什麼樣的人，自己就身在情況之中，所以我們常常會從外部環境尋求線索，以理解自己的行為，以及行為背後的原因。

我們將費拉諾對於公車事故的歸因，與公車司機的歸因互相比較，就會發現其中的基本歸因謬誤與行動者－觀察者偏誤。費拉諾可能認為，引發事故的是司機的內部人格特質，而非天氣、路況之類的外部特質（基本歸因謬誤）。若有人問他，這起事故是否與他有關？他可能會表示，整個情況的某些元素才是引發事故的元兇，與他自己的內部因素無關（行動者－觀察者偏誤）。

歸因與運氣

　　無論是對是錯，是好是壞，我們一天到晚都在歸因。說實話，天底下應該沒有一個不做歸因的人類大腦。兩位研究歸因理論的科學家曾說：「很少觀念能像『事出必有因』那樣深深烙印在我們的大腦。『無理由』對我們來說是個全然陌生的概念，所以我們若是找不到已知的原因，通常就會認定是運氣、偶然這些虛構的原因使然[19]。」我們很排斥「事情沒有理由，就這樣發生了」的概念，所以一定要為這類事件創造一個起因：「運氣」。

　　研究運氣的社會心理學家，探討我們是如何，又是為何發展出將某些人事物貼上「幸運」標籤的傾向。一個情境具備了哪些社會元素，才會讓我們發出幸運卡？其他人如何影響我們對好運、厄運的判斷？海德率先研究我們在何時，又是如何將事件歸因於運氣：

　　　人們將成功歸功於運氣……有兩個含意。首先，造成結果
　　　的主要是環境條件，而非個人的因素。而且第二，環境條
　　　件是偶然發生的……許多條件在人們看來都與運氣有關。

其中之一便是表現的一致性（consistency），或者反過來說，表現的變異性（variability）……人們將不尋常的事物歸因於運氣[20]。

所以我們若說，歷經那次墜機能大難不死，只是運氣好罷了，我們真正要表達的意思是，該怪罪的是整個情況（起因是外部的），是隨機的偶然，而且這種事情不太可能發生，很不尋常，很罕見。

現代歸因理論研究發現，好運與厄運是引發人生當中諸多事件的外部的、不穩定的，無法預測的起因。好運與厄運唯一的差別在於結果。我們若是成功，會認為是運氣好的關係，若是失敗，則是會歸咎於厄運[21]。

尼可拉斯·雷謝爾從哲學的角度出發，也認同海德以及現代研究學者對於運氣的看法。雷謝爾認為，事件若是「偶然」發生，而且發生的機率極低，卻還是發生了，且事件本身對我們極為有利，或是造成我們嚴重損失，我們就會將此事件形容為「運氣好或不好」。「某甲中了樂透，就是運氣好。某乙被墜落的隕石擊中，就是運氣不好。但偶然發生的事件若是不好也不壞，例如某人暫時被飛過的雲朵遮蔽，那無論如何都與運氣無關[22]。」

運氣也可以是一種內部的個人特質，一種我們能感覺到的東西[23]。看看我們談論運氣時所使用的語言。吉迪恩·凱倫（Gideon Keren）與威廉·瓦赫納爾（Willem Wagenaar）訪問一群經常光顧阿姆斯特丹一家國營賭場的賭客。他們請賭客思考，機率與技術對於自己在賭桌上的表現有何影響（也問了其他問題）。他們訪問的賭客起初對於這個問題感到不太自在，不太樂意思考機率對於自身行為的影響。賭客們說，賭博有三項變數，而非只有研究人員所提出的兩項。賭客們說，機率與技術確實有影響，但運氣也是，而且他們認為運氣與機率非常不同。賭客們是這樣形容運氣的：

> 一個人不可能強迫運氣出現，必須等待運氣出現……在另一方面，你若是沒有善加使用運氣，就很容易失去運氣。也許運氣降臨的時候你沒能把握，例如你根本沒注意到今天是你的幸運日，這副牌是你的幸運紙牌，這位是你的幸運荷官。最後，若是好運已經結束，而你仍未發現，就無法再享有好運的助益，也會輸光先前贏得的錢[24]。

這幾位賭客非常熟悉運氣，也時時仰賴運氣。他們認為運氣與隨機的機率，是兩種不同的原因。運氣是一種個人特質，有些人擁有更多，所以比別人「更幸運」。機率則是與賭博的最終結果有關，每個人擁有的機率都一樣。機率是不會受到影響的，而運氣卻是可以利用的，因為運氣有所起伏，像海上的波浪一樣升至高峰又落下。有位賭客說：「賭博的藝術，在於捉住海浪的浪峰[25]。」

我們說，我覺得幸運，就好像說覺得快樂或悲傷一樣。感覺幸運，並非只是一種外部、不穩定，也無法預測的原因。幸運也是一種某些人具有的特質，也是一種可以透過適當的獻祭、象徵、儀式以及祈願，招來或驅除的東西。

挪威特羅姆瑟大學（University of Tromsø）社會心理學家卡

爾·哈爾沃·泰根（Karl Halvor Teigen）研究一般人所經歷的運氣。首先，他想研究我們是否會使用基本的機率，判斷一起事件是好運還是厄運。我們是否正如海德所言，會計算事件發生的機率，將不尋常或是發生機率極低的事件，貼上幸運或是不幸的標籤？泰根安排特羅姆瑟大學的一群學生閱讀關於賭徒的兩篇短文。兩篇短文探討「安妮」與「莉芙」參與賭局，規則是旋轉兩個輪盤的其中之一。賭賽使用的輪盤類似賭場常見的輪盤，只是少了號碼與珠子（見圖三之一）。根據短文的內容，莉芙玩的是輪盤甲，該輪盤分為三個區塊：黑色、淡灰色，以及灰色。安妮玩的是輪盤乙，共有十八個區塊：六塊黑色、六塊淡灰色，以及六塊灰色。轉動輪盤，指針若是落在「黑色」區塊，即「贏得」賭局。莉芙與安妮各自轉動輪盤，指針都指向黑色，亦即兩人皆贏。學生們看完賭局說明，泰根問道：「誰會感覺比較幸運？是安妮，還是莉芙[26]？」

如果是依據機率評估幸運與否，那兩位女性應該同樣感到幸運（統計上而言）。她們贏得賭賽的機率一樣高。

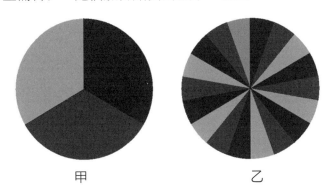

甲　　　　　　　　　乙

圖三之一　泰根於1996年的實驗使用這兩個輪盤。兩個輪盤外型雖然不同，但指針指向「黑色」區塊的機率一樣高。

事件發生的機率的計算方式，是將目標事件的發生次數（在這個例子是指針落在黑色區塊），除以事件可能發生的總次數。玩輪盤甲的莉芙，贏的機率為三分之一，因為輪盤共有三個區塊，其中一個是黑色（贏的機率是三分之一，亦即33%）。玩輪盤乙的安妮贏的機率是十八分之六（十八分之六就是三分之一，亦即33%）。無論用哪一個輪盤，贏的機率完全一樣。然而參與泰根的研究的那群學生並不這麼看。總共八十九位學生當中，七十六位（85%）表示，安妮會感覺自己比莉芙幸運，因為安妮的輪盤共有十八個區塊，其中六個是黑色。只有九位學生表示，安妮與莉芙應該感到同樣幸運。另有四位學生表示，莉芙若是贏了，會覺得比安妮幸運。

研究結果再次證明，我們確實有誤解機率的傾向。學生們判斷安妮與莉芙的幸運程度，可能受到了兩個輪盤的黑色區塊大小的影響。之所以認為安妮比莉芙幸運，是因為輪盤乙上的區塊面積較小，感覺指針指中黑色區塊的機率較小。學生們忽略的事實，是輪盤乙的黑色區塊數量較多，而且兩個輪盤的黑色區塊總面積其實一樣大。這是我們思考機率經常會出現的問題。多項研究發現，外界刺激中所具有的一些不重要的特質，常常會分散我們的注意力，例如在這個例子裡，指的是輪盤上每個區塊的大小差異。而且我們在判斷機率時，常會忽視重要資訊（輪盤黑色區塊的總面積）[27]。

泰根安排特羅姆瑟大學的另一群學生，進行相同的實驗，加入一個稍微不同的問題。他對學生們說，兩個輪盤贏的機率一樣高，再問參與研究的五十位學生，想用哪一個輪盤賭？甲還是乙？如果預先知道機率會影響幸運程度的評估結果，那學生們應該不會特別偏好哪一個輪盤（這是他們回答的選項之一），或是半數會選擇輪盤甲，另外半數會選擇輪盤乙。而這項研究的結果也證明我們在思考運氣的起因的過程中，並不會考量機率。五十位學生當中的三十二位（64%）選擇輪盤乙，十四位（28%）選擇輪盤甲，只有四位（8%）不偏好任一個輪盤。也許是輪盤乙的黑色區塊數量較多，看起來贏面較大？泰根的研究數據顯示，我們即使認為是運氣好才造就某個結果，也不會想到機率的問題。多項研究也證實我們其實不太懂得機率，所以會有這種現象並不奇怪。

那損益的效應呢？好運的故事是否總有人受益，厄運的故事是否總有人蒙受損失？研究人員為了研究這個問題，經常會使用所謂的「內容分析法」（content analysis）。內容分析就是研究溝通的內容，而非溝通的結構，以理解溝通的目的或是意義。泰根研究兩家挪威報紙一個月以來的報導，尋找「運氣」或「幸運」的字眼。他發現所謂幸運的人，就是倖免於難，有些毫髮無傷，有些受了傷但並未傷及性命。「報紙常常用『神奇』形容他們的運氣，也許是因為就他們所遇到的狀況，死亡應該是比較『正常』，比較合理的結果[28]」，報紙形容為「幸運」的每一個人，完全沒有得到任何稱得上是利益的東西。這些人反而還承受損失，失去健康，失去自我形象，失去尊嚴，甚至失去一整個肢體，但他們每一個人還是自稱「幸運」。聽起來像不像我們認識的某位熟人？可憐的費拉諾之所以獲得「世上最幸運的男人」的美稱，可能只是因為他沒有死，換做「正常」情況，他也許應該死掉才對。

泰根又請挪威與波蘭的大學生與高中生，以及人數較少的一群年紀稍長的成年人（職業記者）寫下他們經歷過的幸運與不幸事件，再從幾個不同的層面衡量他們的經歷：幸運與不幸的程度、自己能控制這些事件的程度、發生這項結果的機率，以及喜歡結果的程度。表三之一是研究參與者必須填寫的評分表。表三之二是研究結果。五個層面的幸運事件分數以白色顯示，不幸事件分數以灰色顯示。

表三之一 你有多幸運？泰根1995年研究所用的評分表

情境的幸運程度	1	2	3	4	5	6	7	8	9
	最低				中等				最高
情境的不幸程度	1	2	3	4	5	6	7	8	9
	最低				中等				最高
能控制的程度	1	2	3	4	5	6	7	8	9
	完全無控制				約略可控制				完全可控制
發生這項結果的機率	1	2	3	4	5	6	7	8	9
	0%				50%				100%
喜歡結果的程度（同樣的經驗你是否想再經歷一次？）	1	2	3	4	5	6	7	8	9
	非常不喜歡				中等喜歡				非常喜歡

資料來源：Karl Halvor Teigen, "How Good Is Good Luck? The Role of Counterfactual Thinking in the Perception of Lucky and Unlucky Events," *European Journal of Social Psychology* 25 (1995): 281–302.

　　無論是幸運還是不幸的事件，沒有一個得到的評價是完全「好」或「壞」。學生與職業記者印象中的幸運事件，通常帶有一點不幸（量表的得分約為兩分）。他們印象中的不幸事件（不幸程度的評分平均爲六分），通常帶有一點幸運（得分仍然約爲兩分）。他們認爲自己在幸運與不幸事件所能控制的非常有限，也認爲幸運與不幸事件相對來說不太可能發生（這兩項的得分都偏低）。至於喜歡結果的程度，幸運事件與不幸事件的得分非常不同。有趣的是，研究對象不見得喜歡幸運事件，幸運事件在這個項目並未得到八分、九分之類的高分。研究對象對於幸運事件的感受有些矛盾，但是對於不幸事件，則是短期內絕對不想再經歷一次，也給出最低的喜歡程度的分數。泰根表示：「總而言之，35%的幸運事件，是當事人並不想再次經歷的⋯⋯而只有3%的不幸事件得到正面的評分[29]。」

表三之二　你有多幸運？泰根1995年研究的結果

情境的幸運程度	1	**2**	3	4	5	6	**7**	8	9
	最低				中等				最高
情境的不幸程度	1	**2**	3	4	5	**6**	7	8	9
	最低				中等				最高
能控制的程度	1	2	**3**	4	5	6	7	8	9
	完全 無控制				約略 可控制				完全 可控制
發生這項結果的機率	1	2	**3**	4	5	6	7	8	9
	0%				50%				100%
喜歡結果的程度（同樣的經驗你是否想再經歷一次？）	1	2	**3**	4	**5**	6	7	8	9
	非常 不喜歡				中等喜歡				非常喜歡

資料來源：Karl Halvor Teigen, "How Good Is Good Luck? The Role of Counterfactual Thinking in the Perception of Lucky and Unlucky Events," *European Journal of Social Psychology* 25 (1995): 281–302.

大多數研究對象感覺自己無法控制事件，也覺得事件結果出現的機率很低，但這些似乎與每一位研究對象所感覺的事件的幸運程度無關。泰根以**相關**係數衡量這種相關性。相關係數（以字母r代表）是一個介於負一‧〇〇與正一‧〇〇之間的數值，代表兩個變數之間的相關程度。相關的變數會以固定的型態一起改變，亦即具有「相關性」。變數乙若是會隨著變數甲一同增加，就叫做**正相關**（positive correlation）。想想你的身高與你爸媽的身高之間的關係。一般而言，父母的身高愈高，子女的身高通常也會愈高。高個子父母的子女通常也是高個子。最大的正相關的r值會是正一‧〇〇。

如果變數甲增加，變數乙會減少，那這兩個變數會是**負相關**，r值會介於〇‧〇〇與負一‧〇〇之間。舉個例子，你的汽車愈來愈老，價值也會愈來愈低。

r值若是零，或是非常接近〇‧〇〇，代表變數甲與變數乙完全不相關。頭髮長度與智商的相關係數，會非常接近零，因為這兩個變數完全無關。

能控制事件的程度，以及幸運與不幸程度之間的相關係數非常接近零（分別是負〇‧〇九與正〇‧一四）。統計學者會說，這樣的r值代表這些變數之間的關係無意義。研究對象感覺自己能控制事件的程度與他們經歷的事件的幸運或不幸程度無關。機率以及事件的幸運與不幸程度之間的關連也無意義。這再一次證明了，我們形容一件事是幸運或不幸的時候，並不會將機率列入考量，同時也呼應了歸因理論的主張，證明運氣確實是無法控制的。

最後，研究對象喜歡事件結果的程度也與事件的幸運與不幸程度無關。從研究對象喜歡事件結果的程度，僅可以大致評估研究對象在經歷事件之後的損益程度，而且也無從預測某個事件何時會被貼上「幸運」或「不幸」的標籤。

總而言之，泰根的研究證明我們認為一起事件的「幸運程度」，或是反過來說，「不幸程度」是我們無法控制的。幸運與不幸並非取決於機率，亦非取決於事件結果所造成的損益。

反事實與運氣

我們究竟如何判斷自己遇上的是幸運還是不幸？要回答這個問題之前，必須看看其他一兩種型態是如何將因果關係歸因於運氣。首先，我們通常是在事件發生之後，才會將因果關係歸因於性格、情境，或是運氣。在事件過程中，我們很少會思考究責、過失，或是性格。在事件過程中，我們忙著處理當下發生的事情。等到事件結束之後，我們才能回顧，才有時間與空間，換一個與事件當下截然不同的思考方式評估整起事件。我們停下腳步回顧過往，常常會發現有些事情其實可以換個方式處理，或者是我們當時所處的情境又能有哪些改變。心理學家說，我們在尋找一個情境的可變因素，亦即可以透過改變能讓當時或許能有所不同的因素。我們尋找事件中的可變因素，就會將反事實結果（counterfactual outcome）與事實結果（factual outcome）加以比較。

所謂事實結果，就是實際發生的事情。舉個例子，可憐的費拉諾搭乘的公車確實從路面滑落河中。反事實是過去可能會有的另一種版本，也就是**本有可能發生**，卻沒有發生的事件。公車也有可能**繼續**在路面上行駛，沒有墜入河中；司機也有可能重新控制車子，免除一場災難。研究證實我們在歸因過程中，確實會將反事實納入考量。具體來說，我們在思考某個事件是否是運氣使然時，會將反事實納入考量。

反事實總是在事後建構。每個事件都會刺激我們創造這個事件的另一種版本，建構「本可發生、可能發生、應該發生的內容的表徵[30]」，我們回顧事情經過，將另一種反事實版本與實際發生的版本互相比較，進而思考事件之所以有這樣的結果，是否是受到好運或厄運影響。會刺激我們創造反事實的，通常是負面事件，而且反事實的內容，通常是我們認為在正常情況下應該會發生的事情[31]。「正常」是相對於創造反事實的人的經驗而言。我認為的正常，可能與你認為的正常不同。

反事實的特質

反事實是依照方向分類，分為向上與向下。**向上反事實**比實際發生的事情更理想。向上反事實往往是以據說是最悲哀的兩個英文字開始：「要是」（if only）。費拉諾回顧他遇到的第一起災難，可能會想：「火車要是慢一點走上那段結冰的軌道就好了，就不會出軌，我們也不會掉進河裡。」他以自己的願望重新建構了事情經過，創造另一種現實，比實際經過更理想。這就是向上反事實的一個例子。

我們想到「事情本有可能更糟」，就是在創造**向下反事實**。舉個例子，費拉諾可能會想：「事情本有可能更糟。火車要是在夏季行駛，在河水水位很高的時候墜毀，那我們全都會淹死。」這個重新建構的現實，比實際發生的現實**更糟**，是一種向下反事實。

反事實也會按照**接近度**分類。**接近反事實**就是有驚無險：汽車在尖銳刺耳的聲音中煞車停住，再稍微往前一點點就會撞上你。有人送你昂貴的水晶玻璃酒瓶作為結婚禮物，你一時沒拿穩，幸好及時抓住，沒讓酒瓶摔碎。或者是你的彩券只差一個號碼就全中。這些都是接近反事實。而與你相距很遠，沒撞上你的車子；被你撞到，卻沒有動的水晶玻璃酒瓶，或是與中獎號碼天差地遠的彩券，這些都是**遙遠反事實**。反事實結果的方向與接近度，都會影響我們對於事件是幸運還是不幸的判斷。

我們參考泰根的另一項研究，即可了解反事實結果的方向與接近度是如何影響我們對於幸運還是不幸的判斷。另一組學生在泰根的安排之下，比較另一篇短文所呈現的結果[32]。在其中一篇短文，兩支足球隊「勁風」與「火花」各自擊敗了實力相當的球隊。「勁風」與「火花」都是只進了一球，以一比零贏得比賽。「勁風」在開賽五分鐘內進了一球，「火花」則是在比賽最後五分鐘進了一球。哪一隻球隊自認為比較幸運，是「勁風」還是「火花」？參與泰根的研究的學生，絕大多數（95%）認為「火花」是最幸運的球隊，因為

「火花」與反事實（沒有贏得比賽）比較接近。「火花」只要沒能把握最後的五分鐘就會輸掉比賽，「勁風」則是享有八十五分鐘的領先優勢與安全感（足球賽的正規比賽時間是九十分鐘）。

在另一篇短文，兩個男生正在等公車，這時有一根冰柱從一棟突出的建築物的屋頂掉落。一位男生轉身對另一位說：「你運氣真好！」研究人員問研究對象，說這話的是哪一位男生？是離冰柱最近的男生，還是離冰柱最遠的男生？所有的研究對象（100%）給出的答案都一樣：離冰柱最遠的男生說，離冰柱最近、差點被冰柱刺中的男生運氣真好。幸運的程度取決於男生與災難的距離有多近。

運氣也取決於反事實的方向。我們想像出來的另一種現實，若是一個並未發生的負面結果，也就是一個逃過災難的向下反事實，那我們就會覺得自己運氣很好。可能發生卻沒發生的反事實愈是負面，我們就愈是覺得自己幸運：「哇喔，要是那樣可就**慘得多**了！」反過來說，如果反事實是一個並未發生的正面結果，亦即向上反事實，我們就會覺得運氣不好。可能發生卻沒發生的結果愈是正面，我們就愈是覺得運氣不好。想著「我差點中了樂透，才差一個號碼而已耶！」比想著「我的彩券一個號碼也沒中，算了，下禮拜再試試看」糟糕得多，也不幸多了。

現在再想想反事實的接近度與方向的結合。回頭想想公車站的兩個男生。差點被冰柱刺中的男生很幸運，因為反事實（被冰柱砸中）比現實更糟，而且這個反事實並沒有發生。如果差點打中男生的冰柱很小，比自動鉛筆的筆芯還小，你對於這位男生有多幸運的看法是否會改變？大多數的人會認為他還是很幸運（畢竟在寒冷的冬天，冰塊要是溜進上衣，還是很難受），但冰柱若是比較小，反事實的嚴重性就會下降，差點被冰柱打到的男生的幸運程度也會有所調整。假設那根冰柱很大，大小等同於史上最大冰柱，亦即2010年冬季，從蘇格蘭的一座橋樑懸垂的一根二十七英尺長的怪獸級冰棍[33]。冰柱要是有這麼大，差點被打中的男生又有多幸運呢？大多數人都會認為，他的幸運指數躍升好幾級，畢竟反事實比實際發生的現實糟糕多了，所以我們評估的幸運程度會上修。

反事實的接近度以及方向，是影響我們判斷幸運程度的兩大主因。研究人員也發現其他幾個對於我們的判斷影響較小的因素。舉個例子，事件的**時間秩序**之所以重要，主要是因為時間秩序會影響我們眼中的事件的**可變性**[34]。一般而言，我們認為一個次序中先發生的事件可變性較低，因此會比同一個次序中後發生的事情較不幸運。「勁風」與「火花」的勝利就是例證。很多人認為「火花」比「勁風」幸運，因為「火花」在比賽尾聲才進球。

另一項因素，是行動者**能選擇自己行動的程度**。如果我們認為造成結果的事件，是我們可以左右的，那整個情境的幸運或不幸程度都會增強。舉個例子，比約恩與阿恩在啟程前往非洲之前，必須接種黃熱病疫苗。現在一群學生必須判斷誰比較幸運，是比約恩還是阿恩。比約恩有兩種疫苗可以選擇。他選擇了疫苗甲，卻產生過敏反應，只能取消預定的行程。阿恩只能接種疫苗甲，他接種之後也有過敏反應，所以也取消了預定的行程。誰比較不幸，是比約恩還是阿恩？大多數的研究對象說，比約恩比阿恩不幸多了，因為他有選擇，卻選錯了[35]。

　　最後，行動者是否得到應得的結果，也會影響人們對於幸運程度的判斷。想想以下兩個事件。

事件一：貝莉特請詹妮可幫忙買一張彩券。詹妮可自己也買了一張。結果詹妮可的彩券中了一萬美元，貝莉特一塊錢也沒中。

事件二：安妮請克莉絲汀幫忙買一張彩券。克莉絲汀自己也買了一張。結果安妮的彩券中了一萬美元，克莉絲汀一塊錢也沒中。

　　泰根問心理學課堂上的學生「誰比較幸運？」學生們說詹妮可比安妮幸運，貝莉特比克莉絲汀不幸。學生們認為採取行動的人，也就是出去買彩券的人，比被動的人**更應該贏得彩金**。因此學生認為主動買彩券也是更應該贏得彩金的人，若是真的贏得彩金，就比較幸運，若是沒贏得彩金，就比較不幸[36]。

選擇幸運

　　幸運可以是我們想像出來的。如果我們能想像出事情的另一種更糟的版本，而且這個更糟的版本又離我們很近——也許最近已經發生過；或者我們可能選擇採取某些行動，導致實現這個更糟的版本；又或是我們其實應該得到這個結果——我們就會認為自己幸運。一切似乎取決於能否想像出更糟的版本。

我們把這些標準，套用在費拉諾以及他的傳奇人生。他七次與鬼門關擦身而過。他每一次都接近死亡深淵的邊緣，每一次也都能脫身。根據泰根的研究，以這七次接近災難的程度，還有向下反事實的後果來看，費拉諾可真是個幸運的傢伙。這七次的反事實都是死亡（可以說最糟莫過如此）。而且在這七次有驚無險的事件，費拉諾並沒有死，因此反事實的方向是向下。結果有可能遠比實際發生的情況糟糕：七個非常糟糕，非常接近的反事實。難怪大家說他是世上最幸運的男人。

哪天我要是趕著搭地鐵，要北上參加一場預先安排好的非常重要的會議，卻看見費拉諾也要搭同一班地鐵，呃，我不知道你會怎麼做，但我覺得我不出席會議應該也不要緊。我願意等下一班地鐵。

第4章

運氣與心理學
魔力思考

迷信是人生的詩歌，是人類與生俱來的天性。

我們以為迷信已被消滅殆盡，

殊不知迷信就隱身在最意想不到的洞穴與角落，

隨時會突然出現。

歌德（JOHANN WOLFGANG VON GOETHE）

運氣與木乃伊的詛咒

　　1991年9月，奧地利提洛爾阿爾卑斯山（Tyrolean Alps）的高處，一個風和日麗的秋日，熱愛登山的赫爾穆特・賽門（Helmut Simon）與妻子艾瑞卡（Erika）開始登山。夫妻倆想要完成大約十年前的未竟之業，想「登頂」一萬一千八百零八英尺的錫米勞恩山（Similaun）。錫米勞恩山屬於阿爾卑斯山脈奧茲塔爾山區（Oetzi range）的一部分，位於奧地利與義大利接壤的邊境[1]。他們登山的起點，是位於義大利的村莊維爾納特（Vernagt），這裡的高度已經超過半山腰。飛快流逝的夏季格外炎熱，夫妻倆打算要走的小路

——原本要走過厚厚積雪，穿過冰川，但冰雪卻已融化殆盡。他們不但不能走在「無裂縫的地面」，反而身陷處處皆裂縫的迷宮。在林木線上方充斥著碎裂岩石的荒涼之地，夫妻倆小心翼翼挑著路走，繞過大大小小的裂縫，每一個都深到能讓勇敢的登山客看見冰川的內部。要是掉進冰川裂縫，就不可能活著出來。即使你沒有被你自己拖進裂縫的冰雪掩埋，你的登山搭檔（如果你夠聰明，知道不該獨自登山的話）想把你拖出來，自己恐怕也會摔進去[2]。

不斷繞路拖慢了登山進度，夫妻倆登頂的時間遠比預期晚，不得不在錫米勞恩山的小屋過夜。那是阿爾卑斯山上由木材與石材砌成的一幢古老小屋，位於山頂下大約兩千英尺處。很晚才抵達小屋，倒也有個好處。夫妻倆遇見一對也要在小屋過夜的較為年輕的夫妻。賽門夫婦隔天早上與新朋友共進早餐，也在新朋友的勸說之下，決定一起攀登附近的山峰「拜乃爾峰」（Finail Peak）。兩對夫妻走了一個早上，站在山頂欣賞了風景，也不能免俗地約定回家之後要保持聯絡，就踏上下山的路，賽門夫妻前往義大利，另一對夫妻則是朝著奧地利前進。

賽門夫婦在下山的途中，發現自己偏離了通往下方小屋的大路。他們在不平穩的石頭路面小心翼翼緩緩前行，沿著小小的山脊走著。山脊上有一條長長的溝，裡面充滿了冰雪以及逕流水並沿著溝邊流動。他們走著走著，看見白雪之中有個黑影。艾瑞卡先注意到了，「你看，那是一個人耶！……你看那邊，有個軀幹從一片堅硬的冰上突出來，臉朝下[3]。」赫爾穆特見狀大驚，拍了屍體的照片，記下屍體的位置。夫妻倆繼續下山，下山之後向官員說了這件事，請當地的阿爾卑斯山救援隊，以及義大利國家憲兵處理死者。夫妻倆點了酒，走到大露台，享受那天剩餘的時光。

　　眾人一開始以為死者是來自維羅納（Verona）的一位教音樂的教授，1934年在前往錫米勞恩山小屋的途中失蹤。後來將屍體從冰雪取出（這可不容易，因為屍體從胸部以下都埋在厚實的冰裡），科學家立刻發現，死者的年齡應該遠比音樂教授老。與屍體一同發現的有一把長弓、一個裝滿石造箭尖的箭的皮革箭袋，以及一把銅斧，可以初步研判這位男性很久很久以前，就已經死在山上。這位死者是在奧茲塔爾山脈喪生，因此有個綽號叫做「奧茲」（與「親愛的」的英文字Tootsie押韻），還有一個綽號叫「冰人」（原因很明顯）。這個驚人的發現，改變了我們已知的人類歷史。

　　死去的「奧茲」是古代人的第一項證據，並不是他的屍體，而是與他的屍體一同重見天日的工具。尤其是那把銅刃斧頭，更是讓專家們一頭霧水。而且斧刃是銅而非青銅（銅與錫之類的其他金屬的合金），更是罕見。懂得使用銅器代表著人類的石器時代結束，銅器時代開始。在銅器時代，人類開始以金屬製作武器、刀刃，以及工具。奧茲的斧刃是純銅鍛造，而且顯然有使用過的痕跡。從這些線索研判，這把斧頭，也許包括斧頭的主人，可能存在於距今五千多年前[4]。

　　關於這項發現，幾乎每一個層面，至今仍有各種揣測，熱度不減。舉個例子，人類學家、化學家，以及物理學家至今仍在爭論奧茲的死因。屍體有人為蓄意造成的外傷（肩膀插著箭頭，一隻手也有割傷），也有跡象顯示奧茲可能是被困在冬季突然來襲的強烈暴風雨，無處遮風避雨，終至身亡。也有人說從奧茲的長眠之地研判，他的屍體圍繞著山頂附近的大圓石。代表曾經進行喪葬儀式，顯然奧茲當時的社會地位較高[5]。

　　各界也質疑奧茲的屍體爲何沒被破壞力極強的冰川冰摧毀，冰川冰的力量極大，連大圓石都能碾成粉，甚至還發生過冰川從山的一側流下，把人的身體碾成讓人認不出是什麼的一團糊的事情。他的遺體所在的溝，是否起到了保護的作用，遺體才沒有受到不斷流下山坡的冰川冰影響，得以在自己專屬的冰櫃中動也不動保存數百年？爲何遺體沒有在1991年之前被發現？冰川經常融化又重新形成，而且1991年並不是史上第一個特別炎熱的夏季，導致冰川冰融化的年頭[6]。賽門夫婦偶然發現遺體的地點，是名符其實的人跡罕至之處，但也鄰近交通量相對來說較大的區域。在這中間穿插的五千年當中，想必曾有人路過遺體。奧茲的木頭長弓被發現的時候，就直挺挺的埋在冰層中，就在屍體附近，難道這麼多年都沒人注意到？在高聳的阿爾卑斯山上，那幾乎像月球般的景致，一塊雕刻過的木頭總會格外顯眼。

　　這些問題，以及其他疑問，至今仍有待解答。奧茲仍然是凍僵的狀態，現在永久存放於義大利波扎諾（Bolazano）一間專爲他建造的博物館。博物館的訪客可以看見位在最終長眠之地的奧茲。奧茲的遺體存放在恆溫恆濕的冷凍櫃，冷凍櫃的一側安裝了窗戶，訪客魚貫從窗前走過，即可看到面向訪客的奧茲。第一位檢驗奧茲遺體的驗屍官說，奧茲「看起來很警惕，似乎正要說話[7]」，我很想知道，他看見自己現在躺著的地方後，會說些什麼。研究人員繼續研究他的遺體的每個細節，包括他的衣服的碎片（神奇的是，奧茲的遺體重見天日的時候，還穿著一隻破舊鞋子的殘骸，還有用草編織成的、像是外套的碎片，以及獸皮做成的緊身褲的碎片，上面的獸毛還在）、他的武器、甚至他的ＤＮＡ，尋找能一窺遠古人類生活方式的蛛絲馬跡。我也很想知道奧茲對於所謂的「詛咒」的看法。是的，奧茲就像很多木乃伊，聽說也帶有詛咒。據說碰到他就有可能變成死人，以一種詭異的方式提早翹辮子。

歌德說迷信是人類天性的一部分，也許還真的說對了。大多數人之所以知道木乃伊的詛咒，因為霍華德．卡特（Howard Carter）與他的金主卡納文爵士（Lord Carnarvon）於1922年的驚人發現。卡特發現了埃及「少年法老」圖坦卡門原封不動的墳墓。相信木乃伊詛咒的人說，墳墓牆上有段警告文字，說任何人若是驚擾安息的法老，從此將遭到厄運、疾病、死亡纏身，卡特卻置之不理。不過有一點要說清楚：專家表示墳墓中完全沒有警告文字存在的證據[8]。

詛咒的傳言是從一隻鳥的死亡開始。有位使者按照指示，到卡特的家拿東西，快要到卡特的家的時候，被「很像是人類的微弱叫聲」嚇了一跳。據說他在卡特家門口，看見一隻眼鏡蛇正在吞噬卡特的寵物金絲雀。眼鏡蛇在古代正是埃及王室的象徵。這則傳說經過《紐約時報》報導，詛咒就此廣為流傳[9]。著有多本噱頭十足的通俗小說，探討靈魂投射、轉世之類的主題的作家瑪麗．科雷利（Marie Corelli）更是推波助瀾。她寫道，圖坦卡門的墳墓帶有詛咒，擅闖者必將斃命[10]。

第一起據說是由詛咒引發的死亡事件（那隻可憐的金絲雀除

外），是卡納文爵士之死。他死得確實挺離奇的，是被蚊子叮咬後感染，引發敗血症，最終罹患肺炎而死。他在瑪麗‧科雷利的信件刊出大約兩週後逝世，由於時機太過敏感，媒體紛紛大肆報導。醫師團隊檢視圖坦卡門的木乃伊，發現圖坦卡門的臉上有個已經癒合的小傷口，各種揣測更是甚囂塵上，木乃伊的詛咒靈驗啦！圖坦卡門臉上傷口的位置，據說跟卡納文爵士被蚊子叮咬的位置一模一樣。這時卡納文爵士已經下葬六個月，所以要確認這項「事實」已經不可能。但相信詛咒的人的熱情並沒有因此被澆熄。就連霍華德‧卡特將近二十年後（1939年）死於淋巴瘤，也有人認為是詛咒使然[11]。

　　奧茲的詛咒也是以類似的方式開始流傳，有人注意到當年發現、挖掘、檢查冰人的人已經死亡。提出的證據還挺有說服力的[12]。第一位死亡的是法醫病理學家拉涅爾‧亨恩（Rainer Henn）。他是將奧茲從冰雪中挖掘出來的團隊成員之一。他在挖掘過程中，「徒手抬起屍體，放入屍袋」。亨恩在奧茲被發現一年後死於車禍。說來諷刺，當時他正要前往一場研討會，要向與會的科學家報告他研究木乃伊的結果。下一位死亡的是庫特‧弗里茨（Kurt Fritz），大概是第一位碰觸奧茲的人。弗里茨是當地的一位嚮導，在賽門夫婦將發現遺體的事告知官員的隔天早上爬上山。當時很多人還以為遺體是來自維羅納的音樂家，弗里茨為了釐清冰凍的遺體的身份，跪在地上，將奧茲的臉轉到面向光線。他在冰川討生活，有一天帶領著一群徒步旅行的旅客走過山區，卻不幸遭遇雪崩。一行人當中唯有弗里茨身亡。

兩年後，也就是1995年，義大利特倫托大學（University of Trento）考古學家貝納迪諾‧巴戈里尼（Bernardino Bagolini）在五十八歲的壯年死於心臟病發作。他是研究奧茲的團隊成員之一。2004年，曾拍攝奧茲挖掘過程的攝影師萊納‧霍爾茲（Rainer Hoelzl）死於腦腫瘤，享年四十七歲。下一位離開人世的是赫爾穆特‧賽門。詭異的是他的死法與奧茲十分相似，失蹤三天後，遺體同樣冰封在錫米勞恩山上，離奧茲原本的長眠之地不遠。他獨自在山區健行，顯然是從將近三百英尺的高度墜落而身亡。

　　詛咒仍未放過錫米勞恩山。賽門的喪禮結束僅僅一小時後，領導搜救賽門的救難隊的迪特‧沃內克（Dieter Warnecke）死於心臟病發作。第一位檢查奧茲的遺體，也是領導研究奧茲的團隊的科學家康拉德‧斯賓德勒（Konrad Spindler）也死於詛咒。2005年，斯賓德勒死於多發性硬化症的併發症。最新喪生的是分子考古學家湯姆‧洛伊（Tom Loy）。他從奧茲的衣服與武器上發現四個不同的人的血液，最終不敵困擾他幾年的遺傳性血液疾病，撒手人寰。困在冰川冰的奧茲重見天日之後二十三年來，研究奧茲遺體的團隊總計共有八人喪生。

運氣與詛咒

　　好萊塢作品經常將木乃伊與詛咒劃上等號，但並不是只有木乃伊才有詛咒。幾乎任何人、任何東西都能帶有詛咒。例如希望鑽石

（Hope diamond）就帶有詛咒，據說任何人配戴這顆巨大的藍鑽，都會遭受不幸、痛苦、厄運與悲劇纏身。現在已經很難斷定詛咒是何時開始流傳，不過《豪克斯灣先鋒報》（*Hawke's Bay Herald*）（紐西蘭豪克斯灣）於1888年指出，這項詛咒是源自印度。根據詛咒的內容，鑽石原本是「偉大神像的一隻眼睛」，據說是悉多（Sita）女神的神像[13]。這顆未琢磨的原石被法國珠寶商尚-巴蒂斯特・塔維尼埃（Jean-Baptiste Tavernier）從神像撬走（這也是傳說），帶往巴黎，買家不是別人，正是法王路易十四（大概是在1668或1669年）。路易十四將琢磨過的鑽石做成領巾上的別針。在法國大革命期間，鑽石被人從法國王宮偷出，偷運往英格蘭，切割成兩顆鑽石，較大的那一顆大約在1839年由富有的倫敦銀行家湯瑪斯・霍普（Thomas Hope）買下，就是後來世人熟知的希望鑽石。鑽石在霍普家族流傳了幾個世代，最後到了美國，落入艾弗琳・沃爾什・麥克林（Evalyn Walsh McLean）的珠寶盒。據說珠寶商皮耶爾・卡地亞（Pierre Cartier）向麥克林透露這顆鑽石受到詛咒，還細數種種知名案例，詳述歷來配戴者遭受的不幸，包括被殺、殘疾、自殺，以此說服麥克林買下鑽石[14]。

另外還有「偉大的魯拜集」（Great Omar）的詛咒。「偉大的魯拜集」相傳是倫敦桑戈爾斯基與薩克利夫（Sangorski and Sutcliffe）圖書裝訂公司的最高成就。這家公司是1901年，由專精以珠寶裝飾圖書的喬治・薩克利夫（George Sutcliffe）與弗朗西斯・桑戈爾斯基（Francis Sangorski）成立，將寶石、半寶石和金箔鑲嵌到加工過的華麗書籍封面中。1909年，他們受託為《魯拜集》

（*Rubaiyat of Omar Khayyam*）製作華麗的裝訂。《魯拜集》是愛德華‧菲茨傑若（Edward FitzGerald）的知名英文譯本，譯自第九世紀波斯詩人暨學者的詩作。桑戈爾斯基與薩克利夫完成的作品「裝飾極盡奢華……（有）許多凹陷的鑲板、數千個彩色鑲嵌物以及大約一千零五十顆珠寶，包括石榴石、橄欖石、紅寶石、黃玉和綠松石」，耗時將近兩年才完成[15]。

據說詛咒與該書封面上兩隻華麗的浮雕孔雀有關。在某些文化中，孔雀是厄運的象徵，在書的封面放上兩隻如此華麗的孔雀，對於創作者來說並不是好兆頭。詛咒第一次靈驗，是桑戈爾斯基無法為自己耗盡心血的傑作找到買家。後來總算以不到桑戈爾斯基開價的一半的價格售出，裝箱之後準備運往位在紐約市的新主人手上。負責運送圖書裝訂公司的顛峰之作的船隻，恰好就是英國皇家郵輪鐵達尼號（Titanic）。可想而知，這本書沒有抵達紐約。六週之後，不會游泳的桑戈爾斯基為了拯救另一名泳客，自己不幸溺斃身亡。後來第二本《魯拜集》裝訂完成，在第二次世界大戰爆發後，存放在一間銀行的金庫。不幸的是在大戰期間，倫敦遭到轟炸，銀行、金庫，以及金庫存放的一切盡皆被毀。後來又裝訂了第三本《魯拜集》，現由大英圖書館（British Library）收藏，目前尚未發生詛咒靈驗的事故。

運動隊伍似乎容易招來詛咒，就像蜂蜜會吸引蒼蠅一樣。例如「貝比魯斯魔咒」（Curse of Bambino），據說是源自波士頓紅襪隊（Boston Red Sox）。這支有五個世界大賽冠軍在手的球隊，將一代名將貝比‧魯斯（Babe Ruth，綽號「小子」）交易給紐約洋基隊

（New York Yankees）。自從交易之後，紅襪隊無論如何都拿不到世界大賽的冠軍。而在買下魯斯之前成績墊底的洋基隊，買下魯斯之後卻突然成為史上最成功的棒球隊。如果你是棒球迷，那你應該知道紅襪隊後來終於在2004年終結長達八十六年的冠軍荒，贏得世界大賽，也打破了魔咒[16]。

芝加哥小熊隊（Chicago Cubs）也飽受「比利山羊魔咒」困擾，始終無法贏得世界大賽。關於魔咒的起源有幾種說法。我自己最喜歡的是與比利山羊酒館（Billy Goat Tavern）的老闆有關的版本。這位老闆名叫比利・塞尼斯（Billy Sianis）。相傳他有一隻名叫墨菲的寵物山羊，也是吸引顧客上門的活招牌。塞尼斯是小熊隊的忠實球迷，在某個天氣宜人的十月天，他決定帶著他最愛的山羊，一起欣賞最愛的球隊的比賽，也為位在芝加哥球場對面的自家酒館打打廣告。他買了兩張票，一張給自己，另一張給山羊，在觀眾席入座。比賽到了第四局，球場保全走向塞尼斯。原來是塞尼斯四周的球迷投訴山羊身上的氣味太重，所以保全請塞尼斯與墨菲離場。怒不可遏的塞尼斯詛咒小熊隊，大喊：「他們小熊隊，再也不會贏球。」小熊隊要到一百零八年之後，也就是2016年，才再次贏得世界大賽，打破魔咒[17]。

高爾夫球界則有所謂的「公開賽魔咒」。據說每一位美國高爾夫公開賽的冠軍，終身都不會再拿到美國高爾夫公開賽的冠軍。這個魔咒的威力似乎有限，因為許多高爾夫球手第一次贏得美國公開賽之後，並沒有就此打住，包括傑克・尼克勞斯（Jack Nicklaus）（四度贏得美國公開賽）、老虎伍茲（Tiger Woods）（三度贏得美國公開賽），還有其他幾位也不只一次勝出。ＮＢＡ有所謂的「比利‧潘恩魔咒」（Billy Penn's Curse），曲棍球有所謂的「比爾‧巴里爾科魔咒」（Curse of Bill Barillko），國家美式足球聯盟（NFL）有所謂的「巴比‧雷恩魔咒」（Curse of Bobby Layne）。運動界的魔咒不勝枚舉[18]。

幸運與幸運符

魔咒也好，詛咒也罷，通常與厄運有關，但總有辦法破解或避開。想吸引宇宙中幸運的力量，最常見的方法是配戴幸運符。很多人配戴幸運符，穿幸運衣，或是做某些招攬好運的例行動作，祈求好運助我們一臂之力，或是驅趕厄運。說出來實在有點不好意思，但我也有一雙幸運鞋。雖然我的理智告訴我，幸運鞋絕對不可能改變宇宙諸事的走向，但我的情緒告訴我，穿上幸運鞋，心情絕對會更好。現在我若是覺得需要好運相助，還是會穿上幸運鞋。

英格蘭赫特福德大學（University of Hertfordshire）的李察‧韋斯曼（Richard Wiseman）超過十五年來一直在研究我們對於運氣的想法，以及這些想法如何影響我們的生活。韋斯曼曾於2003年表示，他所訪查過的英國居民當中，86%相信運氣，也會做一些迷信的例行動作，以祈求好運，驅除厄運。例如很多人（86%）會碰觸木頭以趕走厄運，64%會交叉手指以招來好運。而大約四分之一的受訪者（26%）會避開十三這個不幸的數字，28%有經常配戴幸運符的習慣[19]。

美國的情況也差不多。韋斯曼表示，受訪的美國民眾當中，大約70%表示有經常配戴幸運符的習慣。蓋洛普民意調查發現，將近半數的受訪美國民眾表示，自己並不迷信（47%的受訪民眾），但27%表示，相信敲木頭確實能避開厄運[20]。《富比士》雜誌（Forbes）指出，超過半數受訪的美國民眾表示，會查詢自己的星座運勢。31%表示，自己認為占星術（研究恆星的位置以及行星的動態如何影響我們人生運勢）「非常」或「還算」是科學[21]。

眾所皆知，很多職業運動員與業餘運動員都有攜帶幸運符的習慣，也有一些例行的動作，祈求在場上能有好運相隨。職業運動員的職業生涯很短暫，充滿了風險、不確定性，以及壓力，因此會窮盡一切方法，求取好的表現，甚至不惜做出不理性的行為。三壘手韋德·博格斯（Wade Boggs）為了精進球技，有一整套例行作業。他每天在同一時間起床，練球也有一定的程序。球賽開始前，他習慣吃一頓含有雞肉的正餐。他雖然不會說希伯來語，但每次出場擊球，他在揮棒之前，都會在打擊區的沙土上，畫出「人生」的希伯來文（חי，讀音是chai或Hai）[22]。網球明星比約恩·伯格（Bjorn Borg）在溫布頓網球公開賽的兩週賽程期間不刮鬍子（他從1976至1980年，連續五度贏得溫布頓網球公開賽冠軍）。目前效力於洛杉磯湖人隊（Los Angeles Lakers）的勒布朗·詹姆斯（LeBron James）在比賽開始之前會完成一套「儀式」，包括一連串的動作，主要是將一把鎂粉往上灑，讓鎂粉淋在自己身上[23]。

我們似乎都會將生活的某些部分儀式化，雖然我們不見得相信儀式的效力。科學家多年來一直在思考，我們為何會堅持做這些奇怪的舉動，這些舉動究竟有什麼作用，會讓我們不願意停下不做。史金納（B. F. Skinner）主張，迷信行為是學習與增強的結果。幾乎任何東西都可以充當增強物：餓的時候食物就是增強物，渴的時候水就是增強物，我們在辦公桌底下脫去太緊的鞋子，雙腳的疼痛得到緩解就是增強物。我們做出某種反應之後，增強就會發生：脫去鞋子，感到腳痛緩解，或是吃了一片餅乾，感覺肚子比較不餓。增強會讓我們更有可能重複這種反應（稱為「正增強」），或是較不可能重複這種反應（稱為「懲罰」）。

史金納訓練動物做出某種反應，以達到某種結果（或增強）。例如飢餓的鴿子很快學會啄自己籠子裡的一個會發光的小圓盤，以取得食物。有一天，史金納想知道，若是將食物隨機分配給飢餓的鴿子，而不是等到鴿子做出某種舉動再給食物，那鴿子會有何等反應。他發現，如果不管鴿子做什麼，他若是每十五秒左右就送食物一次，鴿子就會發展出各種奇特且難以改變的行為。一隻鴿子在送食物之間的空檔，逆時針方向轉圈兩、三次。另外一隻用頭撞了撞籠子高處的角落，還有一隻腦袋來回擺動，好像鐘擺一樣。這些鴿子彷彿認為，自己在食物送來時的舉動與送來的食物之間有某種關連。

史金納說，人類配戴幸運符，吃幸運菜，穿幸運鞋的道理跟鴿子相同。史金納說：「紙牌遊戲的改運儀式就是很好的例子。只要發生幾次巧合，讓人以為儀式確實能帶來好運，那即使有許多例子能證明兩者無關，人們還是會堅持保留儀式，養成習慣[24]。」我穿著幸運鞋去應徵工作，結果順利錄取，這是令人開心的巧合，還是我的幸運鞋奏效？根據史金納的研究結果，我隔天再穿幸運鞋的機率比較大，因為我已經將幸運鞋與好事聯想在一起。

運氣與魔力思考

　　十九世紀初的科學以及研究世界各地文化的科學家發現，原始人具有相信詛咒、巫術，以及迷信的特質。他們認為，他們全然現代的西方文化思想高級多了。詹姆斯‧弗雷澤爵士（Sir James Frazer）在他於1890年首度發表的知名的宗教與巫術研究中，提及原始人相信的巫術：

> 我們分析巫術思想的原則，就會發現大概可分為兩類：第一，**類似的東西會有同樣的效應**，換句話說，果會與因相似。第二，曾經彼此接觸的事物，即使在實體接觸結束之後，**相隔一段距離，也會持續互相影響**（粗體字為本書作者自行添加）[25]。

　　弗雷澤將第一項原則稱為**相似律**（Law of Similarity），將第二項原則稱為**傳染律**（Law of Contagion）。巫毒娃娃以及焚燒他人的人偶，都能體現相似律的精髓。製作一個你想要傷害或是摧毀的人的人偶，再弄傷或破壞這個人偶。按照相似律的原理，你對人偶做的事情，也會發生在人偶所代表的人身上，亦即類似的東西會有同樣的效應。至於奧茲的詛咒以及其他所有的詛咒，都是傳染律的例子。一旦碰觸奧茲冰凍的遺體（或是希望鑽石等等），就再也擺脫不了。哪怕你只碰到遺體一次，之後就再也沒碰到，殘存在奧茲遺體的厄運仍將轉移到你身上。任何一位小熊隊球迷都會告訴你，即使山羊離開了球場，咒罵的臭氣依然久久不散。

弗雷澤提出許多相似律與傳染律在世界各文化體現的例子。然而他的假設是人類不斷演化，文化與社會發展程度更高，也因此逐漸從相信這些巫術定律，轉變為相信科學定律。這個嘛，正如一首老歌的歌詞：「不見得是這樣。」從某些人相信魔咒的現象即可看出，很多見聞廣博的現代人，也相信一隻球隊之所以無法脫離戰績不佳的魔咒，是因為一名男子因寵物山羊受到怠慢而怒氣衝天，也相信僅僅拍攝一張冰凍木乃伊的照片，自己就會英年早逝。很多理智又聰明的人，都相信魔咒、幸運符、邪眼，以及避開十三號確實有效。

心理學研究證實，人類有魔力思考的習慣，也許是大腦與生俱來的習慣。所謂魔力思考，就是「認為另一個人的思想、願望或儀式，可以直接影響事件」，無論我們喜歡與否，每個人都會魔力思考[26]。正如馬修・赫特森（Matthew Hutson）所言：「我們即使嘴上說不相信，心裡卻還是相信巫術，例如運氣、精神甚於物質、命運、厄運、死後的生命、邪惡、天助等等[27]。」相信運氣就是一種魔力思考。相信魔咒跟相信厄運，難道不是一樣的道理嗎？同樣的道理，我穿著幸運鞋，豈不是等於相信好運？

我們能接受兒童相信巫術。小朋友相信聖誕老人、牙仙子，也相信穿上有個大大的「S」的紅斗蓬就能飛行，我們也覺得很正常。但我們常常覺得成人的想法與兒童不同，較爲精細，較爲科學，也較不相信看不見的東西。然而探討魔力思考的研究，卻得出不同的結論。保羅・羅辛（Paul Rozin）、琳達・米爾曼（Linda Millman），以及卡蘿・內梅羅夫（Carol Nemeroff）研究成人的魔力思考，發現成人遇到不明情境，也會像孩子一樣從巫術尋找答案[28]。

舉個例子，羅辛等人在一項研究中，當著一群成人的面，將蘋果汁、葡萄汁倒入杯中，再分配給每一位成人一杯蘋果汁或葡萄汁。研究人員問這群成人，是否喜歡果汁。大多數都說喜歡。研究人員再當著這群成人的面，分配給每人一個慶祝生日用的塑膠燭台，或是乾燥、脫水、消毒過的蟑螂屍體（我只想說一句，好噁！）。研究人員首先告訴各組的研究對象，慶生用的燭台以及蟑螂都是消毒過的，很乾淨。研究人員接下來用這個「污染物」碰觸杯中的果汁，再問研究對象，現在願不願意喝杯裡的果汁？請注意，研究人員並未要求研究對象眞的將果汁喝下肚，只是問他們願不願意喝。結果並不讓人意外，果汁被消毒過的蟑螂屍體碰過，嚴重影響了研究對象對果汁的接受度。幾乎沒有一位研究對象表示，願意喝被蟑螂屍體碰過的果汁（果汁接受度的平均分數以兩百分爲滿分，足足下降了一百零二分）。相較之下，被塑膠燭台碰過的果汁，接受度只下降了三分。

最後，研究人員拿給研究對象一個乾淨的杯子，以及全新的、從未被污染過的果汁，再問研究對象願不願意喝果汁。只是研究人員提供的果汁與剛才「蟑螂碰過的」果汁種類相同，但是全新的杯子，裡面裝著完全沒碰過蟑螂屍體的全新果汁。這杯果汁的平均接受度分數也大為下降。研究對象似乎認為，果汁只要被蟑螂屍體碰過一次，就永遠受到污染。這個例子不僅闡述了傳染率，也完全展露出理性成人的魔力思考。

羅辛等人也研究相似律。在研究的一開始，研究對象與研究人員面對面坐在桌子兩側。研究人員將兩個透明的空玻璃瓶，以及當天從雜貨店買來的一包知名品牌的糖，放在研究對象面前。研究人員在研究對象面前打開那包糖，再用乾淨的湯匙，將糖舀入標示為「糖」的瓶子。研究人員再用新的乾淨湯匙，將糖舀入另一個標示為「氰化鈉——有毒」的瓶子，同樣是當著研究對象的面進行。研究人員再從兩個瓶子各舀出一些糖，倒入不同的玻璃杯，加入水，再詢問研究對象對於每一杯糖水的接受度，願意喝哪一杯糖水？要記得，兩個瓶子裝的其實是一樣的東西，只是標示不同。研究對象若是受到魔力思考影響，那依據相似律，他們會避開用「氰化鈉——有毒」瓶子裡的糖做成的糖水，畢竟類似的東西會有同樣的效應。研究對象即使知道「氰化鈉——有毒」瓶子裡裝的只是糖，但僅僅是看見標示，就會避開「受了污染的」糖水。研究結果顯示，研究對象對於「有毒」飲料的接受度，果然遠低於「含糖」飲料。研究對象即使親自將糖舀入瓶中，親自在瓶子貼上標籤，親自選擇將哪一個瓶子標示為「有毒」，結果也仍舊一樣！

羅辛等人繼續在多項研究中，測試傳染律與相似律。閱讀這些研究的內容會覺得很有意思，參與這些研究可就沒這麼有趣。他們發現，研究對象不願意對著自己喜歡的人的照片射飛鏢，倒是不介意對著自己不喜歡的人的照片射飛鏢。研究對象對著自己討厭的人（比方說希特勒）的照片射飛鏢，射中兩眼中間的部位的準確度，遠高於射中好朋友的照片的兩眼中間的部位。同樣都是乳脂軟糖，切成較為常見的方塊，研究對象就樂於接受，但若是當著他們的面塑造成狗屎造型，他們就不肯吃。而且同樣都是當著他們的面拆封，他們比較願意將全新的橡膠水槽塞含在嘴裡，比較不願意將新奇物品商店販售的全新塑膠材質假嘔吐物含在嘴裡。

艾蜜莉·普羅寧（Emily Pronin）與她在普林斯頓大學的同僚，研究過「日常」的魔力思考[29]。她說，魔咒之所以奏效，是因為我們認為自己私下內心的想法與整個世界發生的事情非常相關。舉個例子，一項實驗詢問學生對身心疾病與海地巫毒的看法，至少表面上是詢問的意思，其實是要研究學生會不會在他人的影響之下，認為自己對另一人「施了魔法」。這項實驗設置了一位「實驗同謀」（confederate）。此人必須按照設定好的劇本演出，以達成實驗的真實目的。實驗同謀故意招惹研究對象，引起研究對象的反感，為達到目的可說是用盡方法。他故意遲到，讓所有人等他一個人，又張開嘴巴嚼口香糖，身穿印著「蠢人不該繁殖」的T恤。研究對象在閱讀背景資料，他就在一旁拿筆敲桌子。他把他的同意書揉成一團，往垃圾桶的方向丟去，沒丟中，就只是聳聳肩，也不去撿起掉在地上的紙團。換句話說，他的舉動就像個討厭鬼，果然不出所料，另一位研究對象非常厭惡他。

兩位研究對象填寫了一份關於目前身體症狀的問卷。實驗同謀大聲表示覺得自己身體很好。接下來實驗同謀離開現場，另一位研究對象即可充當「巫醫」。這位研究對象必須針對「受害者」，懷抱「生動且具體的想法」（幸好只是默想），再將幾根大頭針插進巫毒娃娃，其中一根插進娃娃的頭部。實驗同謀又回到現場，大家再做一次身體症狀的問卷。這一次討厭鬼說他頭痛。研究人員問充當「巫醫」的研究對象，是否覺得是自己造成討厭鬼頭痛？研究對象表示，確實這麼覺得。應研究人員要求而對受害者懷抱邪惡念頭的研究對象表示，自己的詛咒靈驗的比例，遠比另一群針對一個不討人厭的對象且懷抱著無害的念頭的研究對象高。他們彷彿真心相信，是自己的邪念導致惡人頭痛。他們也表示，對於自己詛咒討厭鬼大王，絲毫沒有感到內疚，一致認為討厭鬼活該頭痛。

普羅寧等人接著研究，若是研究對象對於他人懷抱正面且鼓勵的念頭，而後此人真的順利完成一項困難的任務，研究對象是否會認為是自己的念頭助了此人一臂之力。研究結果再次證明，研究對象確實這麼想。研究團隊甚至在實驗室之外的環境測試這種構想。他們問觀賞超級盃的美式足球迷，對於正在進行的超級盃比賽思考了多少？思考了幾次？他們再問這些美式足球迷，是否覺得自己影響了比賽結果？球迷覺得自己對於比賽想得愈多，就愈認為自己的想法影響了比賽結果。他們支持的球隊勝出與否，似乎並不重要。即使是輸球的球隊的球迷也表示，他們對比賽想得愈多，就愈認為自己的想法影響了比賽結果。

普羅寧說，我們似乎將自己的思想視為一種推動者，或是「實體結果的起因，就像（我們）認為實體物品是隨之發生的某些實體結果的起因³⁰」，我們聽見哐噹一響，看見孩子站在廚房裡，旁邊有個摔碎的盤子，就認為是孩子摔碎盤子才有了響聲。或者是我們在進行給老闆看的重要報告之前，摸摸我們的幸運兔腳，又在會議之後順利升上管理階層。那個兔腳從此成為我們隨身攜帶的好運象徵，從不離身。我們的歸因有時合理，有時並不合理。

魔力思考與歸因理論密切相關。將事件的起因歸咎於魔力，其實也是一種歸因謬誤，就好比我們在不明的情境認為他人懷有敵意，或是認為自己能成功代表自己能力卓越，而失敗就是他人的過錯，這也是一種歸因謬誤。我們說，有人因為碰觸木乃伊而死，這就是一種歸因。我們這樣做，是認定因果關係的因。我說我贏得輪盤賭局，或是我遭逢車禍卻毫髮無傷是因為我運氣好，這也是一種歸因。這些雖然是不合邏輯、不理性的歸因，但終究還是歸因。

一個人會有魔力思考，有兩個關鍵。首先，一個人必須缺乏控制，才會有迷信的行為，也才會有幸運或不幸的言論。缺乏控制可以是真的缺乏控制，也可以是感覺到的缺乏控制。想想空想性錯視的經驗，亦即認為隨機的雜訊中，存在有意義的型態。從看見布滿岩石的火星表面照片裡的臉龐，到看見聖母瑪利亞出現在樹皮上，很多人都會在周遭的環境看見型態並賦予意義。

珍妮佛・惠特森（Jennifer Whitson）與亞當・加林斯基（Adam Galinsky）研究真實控制與想像出來的控制，是否會讓人從隨機出現的視覺刺激中看見「想像出來的型態」。他們發現，無法控制某個情境的人，甚至是在研究人員的要求之下，憶起過往無法控制的情境的研究對象，看見想像出來的型態的可能性，遠高於覺得自己或多或少能控制情境的研究對象。他們進行了六次實驗，研究這個現象，最後得到的結論是「感覺自己能控制，實際也能控制的需求非常強烈，導致人們從雜訊中看見一種型態，以求讓世界回歸可預測的狀態[31]」，我們若是覺得自己無力控制，那只要說那樣的事情之所以發生是因為運氣的關係，或是因為我們很幸運，就能找回一些控制感。

社會學家喬治‧格梅奇（George Gmelch）研究棒球選手在賽前的迷信，得出一些很有意思的結論。首先，儀式化行為似乎讓棒球選手覺得更能控制自己在場上的表現。第二，有一項事實能證明儀式能讓棒球選手覺得更能控制自己的表現：投手與打擊手有很多迷信，外野手卻幾乎沒有。

（儀式）主要是與投球和打擊，亦即偶然性最高的活動有關，與擔任外野手無關……外野手不同於打擊手與投手，幾乎可以完全控制自己在球場上的表現。打出的球一旦朝外野手的方向飛去，誰都無法讓外野手接不到球，無法形成出局……相較於投手與打擊手，外野手要操心的事情不多。外野手知道，十次有超過九‧七次的機率，自己可以順利完成工作。機率如此之高，根本用不著儀式[32]。

魔力思考的第二項要素是壓力。我們受到壓力，或是萬一事情不順利就極有可能承受重大損失，那我們就很有可能會認為事情由魔力引發（是運氣使然）。傑弗瑞‧魯斯基（Jeffrey Rudski）與阿什莉‧愛德華茲（Ashleigh Edwards）研究一群非常迷信（而且通常壓力很大）的人，也就是大學生，是如何使用魔力思考[33]。乍聽之下可能會覺得不可思議，但大學生其實極為迷信，尤其是對於能影響學業成績的事情。一項針對四百二十六位大學生的研究發現，將近70%的大學生表示，自己在考試之前會進行祈求好運的迷信儀式，例如爭取教室裡的「幸運座位」，以及考試之前不跟「不祥」之人說話。兩位研究人員問學生，是否會為了祈求考試順利，而採用幸運儀式或是幸運符？他們發現，風險愈大，學生就愈會使用迷信儀式或幸運符。考試愈重要，學生在考試時間壓力就愈大，就愈有可能配戴幸運符，或是爭搶幸運座位。

研究人員認為，壓力與迷信之所以相關，主要有三項原因[34]。首先，迷信儀式也許能讓學生更專注在考試上。但學生有時候卻專注在儀式上，**而不是認真準備考試**。據說有一位學生在考試前必須撿到一枚硬幣，才能有理想成績。這倒是無所謂，但這位學生後來在考試當天遲到，因為他在公車站的地上找了又找，就是撿不到幸運錢幣。第二，儀式能減少壓力，有助於學生放鬆。第三，說來遺憾，但學生往往覺得考試是無法控制的情況，儀式至少能帶來一種自己能控制情況的錯覺。

艾倫‧蘭格（Ellen Langer）於1975年，提出**控制錯覺**（illusion of control）的概念[35]。她發現，人們通常認為，若是我們能控制一個情境的隨機偶然性，會比這個情境本身的實質機率來說，更容易獲得成功。當我們面臨隨機性，卻彷彿自己能控制的樣子，是因為我們認為自己若是很熟悉眼前的任務，就能順利完成。如果我們在任務中至少有一些選擇，我們就認為整個任務的成敗將取決於個人能力，而非取決於偶然，所以我們還是能順利完成。我們之所以會這樣想，是因為我們若是覺得自己能控制情況，哪怕這個控制是一種錯覺，也會覺得自己成功的機率較高，焦慮感也會下降。

焦慮似乎是判斷我們何時使用魔力思考的關鍵，因此研究團隊想知道，相信運氣與巫術的人的性格是否與不相信的人不同？相信巫術與護身符的人是否比不相信的人焦慮？探討相信護身符或是迷信的人的性格的早期研究，得到的結論多半不樂觀。史都華·維斯（Stuart Vyse）依據各實驗室提供的大量資料，歸納出「迷信者」的性格[36]。維斯說，迷信者傾向於依賴直覺、預感以及感覺，而不是審慎有條理的分析，而且會認為人生與決策都是受到自己無力控制的因素主宰。迷信者的**自我效能較低**，往往認為自己無法達成目標，**自我強度**也較低（因應技巧較差，很容易覺得無力招架日常生活的挑戰）。總而言之，迷信者多半心理健康不佳，因應技巧較差。唉呀呀。

艾倫·凱（Aaron Kay）以及同僚認為，我們若是很難控制，甚至完全無法控制一個情況，就會覺得必須對抗隨機性與混亂。

對於自己感覺到的隨機性，我們對抗的方式，是在世界找出型態，甚至是幻想出來的型態。相信那些能帶來架構與秩序的機構……也能滿足（控制的）需求。人們甚至會向眾神祈求秩序，向能控制一切世事，喜好干預的眾神求助[37]。

艾倫‧凱的實驗室的研究對象一旦覺得自己的控制能力降低，就會更偏好「外部的控制體系」，向有能力控制的上帝與政府求助。研究團隊把情況顛倒過來，讓研究對象覺得某個政府體系在需要恢復秩序的時候，無力恢復秩序，研究對象就會表示，覺得自己的控制能力有所增強。我們生活在這個世界，似乎有一種堅定不移的信念，覺得一定有某個人，或是某種力量主導一切。有時候那股「主導一切的龐大力量」就是我們自己，有時候則是我們之外的力量。混亂與隨機性是令人厭惡的，我們會藉由各種想法以及藉口，遠離這兩種討厭的東西。

相信的好處

研究所顯示的結果並不樂觀。我們比起包括奧茲在內的這幾位石器時代的祖先，似乎沒有進步多少。我們仍舊蹲伏在洞穴的一隅，對著天上的星星搖搖護身符，希望能避開厄運，祈求好運。不過擁有一雙幸運鞋的人應該要知道，近年的研究證實，相信迷信、運氣以及護身符，也就是魔力思考，與某些非常正面、非常有益的特質有關。舉個例子，艾倫‧凱與同僚指出，迷信的好處在於能讓我們覺得自己有控制的能力。我們一旦覺得自己有能力控制，無論是身體還是心理，都會更強大、更健康。在**補償控制**的心態之下，「（我們）的經歷或多或少帶有一些隨機性，也因此引發焦慮與壓力。儀式能防堵這種焦慮與壓力，人們就得以在心理層面參與自己的環境，而非退出自己的環境，最終提升實際的表現[38]」。

人們經常提及迷信儀式的一項好處，是能降低焦慮與緊張。兩位荷蘭研究人員麥卡拉・席普斯（Michaéla Schippers）與保羅・范・朗伊（Paul Van Lange）訪問荷蘭足球、排球，以及曲棍球隊的頂尖球員，詢問他們是否有比賽前的儀式[39]。結果發現不少菁英運動員確實會依循迷信儀式。這些球員透露不少五花八門的迷信行為，包括在主場比賽之前的早餐一定要吃四塊鬆餅，不能多也不能少，在球場的某處放置一塊口香糖，以及在比賽開始之前，一定要看見「十三」這個數字至少一次。這些球員也表示，他們愈是重視比賽，對手愈是難纏，而他們也就愈重視儀式。賽前愈是緊張，他們就愈重視賽前儀式，顯然是因為儀式能降低緊張與焦慮，球員的心情就會更好。

反事實是我們創造出來的另一種版本的現實，尤其是在負面事件發生之後（參見第三章）。向上反事實是我們想像出來的，比實際發生的現實更理想的一種現實。向下反事實則是比現實更不理想的另一種現實。研究人員發現，向上反現實能讓我們做好準備，未來遇到同樣的負面狀況就不會慌了手腳，也許還會表現更好。

想像你開著車子，正要駛出停車位。當你正要踩下油門，駛入車陣，一台大卡車突然竄出，就出現在你所在的車道。這個情況的向上反事實，會是你對自己說：「天哪，我開出來之前要是看一下後面，現在就不會灑了咖啡，還嚇到差點中風。下次我要先看看每一個鏡子。」你用想像出來的另一種現實，為下一次遇到卡車與車流做好準備。不過，向上反事實有一個問題，就是常常讓我們對自己的評價更差。你一時莽撞駛入車流，自己也許會覺得尷尬，感覺有點蠢。向上反事實雖然會減少我們的開心念頭，卻也會激勵我們下次改進。

向下反事實也能發揮情感或情緒功能。我們若是覺得實際情況沒有更糟就不錯了，對自己的評價也會更好。卡車事件的向下反事實，可能是我們對自己說：「我差點死掉！沒被那台卡車撞到，真的算我運氣好！」而且還會非常慶幸，自己不必等著消防員拿著「救生鉗」，將自己從車子的殘骸救出[40]。

麗茲・戴（Liz Day）與約翰・麥特比（John Maltby）研究相信好運是否有助於整體的心理健康。他們訪問一百四十四位男性與女性，詢問他們是否相信好運，以及是否覺得憂鬱、焦慮、樂觀和神經質，再從研究結果尋找固定型態。在這項研究中，憂鬱又焦慮的研究對象，多半不太相信自己擁有好運，也不太相信別人擁有好運。相信好運的研究對象則是多半樂觀，也不會憂鬱、焦慮[41]。

在另一項研究中，麥特比的研究團隊發現，相信自己不幸的人，往往展現出「執行功能」受損的跡象。「執行功能」包括許多認知能力，例如規劃、在原始策略無效時想出替代方案、組織能力，以及專注在目前的工作與達成目標的能力。相信自己幸運，並不代表執行功能就會優於一般人。然而相信自己不幸運，卻會導致執行功能受損[42]。

最後，萊桑・達米施（Lysann Damisch）、芭芭拉・斯托伯洛克（Barbara Stoberock），以及湯瑪斯・穆斯韋勒（Thomas Muss-weiler）研究迷信是否真的有助於提升我們執行困難任務的表現。

他們從我們剛才討論的研究結論開始：人們在成功的不確定性很大、心理壓力巨大，又感覺自己能控制的有限的情況，往往會使用迷信儀式[43]。迷信能降低緊張，至少能產生自己有能力控制的錯覺（通常有這樣的錯覺便已足夠），還能讓我們經常覺得不可預測且混亂的周遭環境，顯得比較不會不可預測也比較不混亂。他們推測，倘若真是如此，那迷信應該能提升我們的自我效能感（感覺自己更能控制事情），我們會更努力執行任務，堅持得更久。此外，迷信應該能增強樂觀、希望的感覺，讓我們無論執行什麼任務，表現都會更好。

達米施進行幾項實驗，想了解這幾項假設是否正確。她首先要求兩組學生（這些學生沒有一位是高爾夫球手）推高爾夫球入洞。研究團隊給一組學生一顆高爾夫球，要他們盡力推桿就好。研究團隊同樣將一顆高爾夫球交給另一組學生，但對他們說，別人使用這顆球的運氣都不錯，讓這組學生相信這顆球是幸運球。結果使用所謂的幸運球的研究對象，推桿進洞的次數高於使用沒有任何介紹的高爾夫球的研究對象。

在第二項實驗，她給兩組學生各一個玩具，玩法是將玩具以不同的角度傾斜，讓裡面的小球落入應該落入的洞裡。研究團隊對一組學生說，自己為他們「祈求好運」（德語的說法是「我壓著自己的拇指，為你們祈福」。在德國，拇指藏進拳頭的手勢表示祝人好運。這項研究在德國進行，所以會這麼說。）你應該已經猜到了，研究團隊只是將玩具交給另一組學生，要他們開始玩，別無其他指示。結果果然不出所料，相信研究團隊為自己祈福的那一組學生，小球入洞的成功率更高，完成遊戲所用的時間更短。

在另外兩起實驗中，達米施要求學生帶著幸運符到實驗室。一組學生進行記憶測驗〔就是「翻牌遊戲」（Concentration），玩家一次翻開兩張紙牌，將相同的兩張紙牌配對〕，或是易位構詞遊戲（以一組八個字母，盡量拼出最多的德文單字）的同時，可以帶著幸運符。另外一組的幸運符則是在每項遊戲開始之前，被研究人員收走。你大概猜得到結果，能保留幸運符的那一組，兩項遊戲的表現皆優於幸運符被收走的那一組。達米施從研究結果歸納出結論：「好運的迷信能讓人更相信自己有能力完成任務，表現也會因而有所提升[44]。」

魔力思考、迷信，以及相信運氣是存在於宇宙的一種外部力量，或是一種我們時時刻刻都在發揮的個人特質，這些信念對我們極有幫助。不僅能降低壓力與不確定性，緩解伴隨壓力與不確定性而來的焦慮，還能增加控制感與自我效能感。近年的一項研究發現，魔力思考的某些特質，也有助於我們找到人生的意義[45]。

蘿拉·克雷（Laura Kray）與同僚請一群大學生想像一下，如果不曾結識一位摯友，或是不曾經歷某個改變自己人生的事件，現在的生活會是如何[46]？克雷等人的假設，是這種向下反事實思考，一方面可以凸顯這個世界的隨機性，讓學生覺得自己能控制的較少，受到無常的宿命影響較多。在另一方面，研究對象想像過去的另一種可能，聚焦在實際沒有發生的事情，可能會覺得確實發生的事情比較有意義。

研究團隊發現，學生們從向下反事實的角度，思考曾經改變自己人生的大事，就更能理解過往發生的事爲何會發生，也會覺得自己真正經歷過的結果更有意義。克雷團隊表示：

> 反事實思考能從我們可以接受的角度，解釋改變我們人生的事件的起因，我們也會因此更相信，過往發生的事件是無可避免的……強調一個事件發生的機率有多低，反而讓人覺得這個事件難免會發生，這聽起來很奇怪……背後的邏輯似乎是：「幾乎不可能發生的事竟然還是發生了，絕對不可能純屬偶然，所以一定是注定會發生[47]。」

想像過往事件的另一種版本，事件的模糊度就會降低，人生的不確定性也會變少。無論大事小事，我們若是不相信事件的發生純屬偶然，感覺就會更好，會覺得更能控制，也會更高興。時而在人生出現的一連串混亂的事件，也會有了作用與意義。

相信魔咒、幸運鞋、幸運考試用筆，以及祈禱的效力，是不合邏輯、不理性，也是極爲不科學的，但同時也是人類向來的特質。我們不顧邏輯與理性，不斷重複這些行爲，足以證明這些行爲帶給我們的好處。我們人類非常希望能降低不確定性，增加我們的控制感。即使是最尋常的事件，我們也想了解背後的原因，因爲只要覺得自己知道事件的起因，就會感覺自己能控制這個事件，進而控制整個宇宙。我們一旦遇見不尋常的事情，給我們一百萬年也料想不到的事情，理解「起因」的需求就會燃起。

賽門夫婦之所以會踏上遇見奧茲的路，是偶然的機遇。就好比奧茲的遺體會出現在那條溝，五千年來不受風吹日曬雨淋，也不受冰川影響，也是純屬偶然。奧茲的遺體冰封了那麼多年，始終能保持完整，保留原始的樣貌，是極其幸運，也是極其罕見之事。在高山發現的遺體，竟然來自遙遠的石器時代，這種事實在太難以想像，所以我們覺得發現遺體絕非偶然，一定有其意義。遺體一定是注定要重見天日，之所以注定要重見天日，也許是因為帶有詛咒，就像歷史上的圖坦卡門、希望鑽石、偉大的魯拜集，以及不計其數的運動隊伍，也同樣帶有詛咒。

我們遇見任何事情，都很想了解當中的因果關係，對於無法控制、隨機發生，以及未知的事情，我們有一種原始的恐懼。我們還有一種很強的能力，能將偶發性的增強當作有意義的事情，並做出反應。這種能力與前述的幾種特質結合，我們就有可能相信各種魔咒。我們竟然會相信只要碰觸冰封了五千年的遺體，就有可能喪命，這當然很奇怪。但我們會想出這些因果關係，足以證明我們的大腦獨特又神奇，所以也能思考這位冰封的陌生人幾千年前過的是怎樣的生活。誰知道呢？說不定那隻散發臭味的山羊，還真的是小熊隊多年來戰績不佳的原因。

第5章

運氣與你的大腦：第一部

大腦：我們以為我們會用來思考的一種儀器

安布羅斯・比爾斯（AMBROSE BIERCE）

漢斯・博格（Hans Berger）與他的腦電

　　人類的大腦是一個三磅重的奇蹟，能記住我們每天經歷的成千上萬個事件、光、聲音、感覺、氣味、滋味、計畫，以及預測。大腦能規劃我們的未來，煩惱我們現在是不是在做該做的事，也會懷念過往。大腦會驅使我們相親相愛，設計敵人垮台，決定早餐要吃什麼。我們有複雜精細的神經系統，所以能夠快樂跳舞、跑步、游泳、唱歌、呼吸、咀嚼、唸書、放聲大笑、迅速做出美味料理、燒焦土司、做天馬行空的夢，而且這些事情對我們來說樣樣都不難。我們做的任何事，還有我們認為自己能做的任何行為，都是大腦運作的結果。這包括我們曾經有過，將來也會有的每一個念頭，我們珍視的每一個信念，以及我們曾經懷抱的每一個預期、恐懼與希望。也包括我們幸運或是不幸這種奇特，有時也古怪的感覺。

　　科學家剛開始研究大腦的時候，遇到幾個重大問題。第一個問題是，大腦在運作的時候是不會動的。早期的科學堅信「會動等於有生命」，所以一個不會動的器官，就被認定與維繫生命無關[1]。後來科學界終於明白大腦很重要，總算開始覺得大腦可能會思考，就必須想出一個辦法研究大腦的運作。

後來是一位名叫漢斯・博格的非凡人物，發明了直接從皮質觀察腦功能的方法。當時的他想要以科學方法，證明心電感應（mental telepathy）的存在。博格原本打算攻讀數學，想成為天文學家。這個志向維持了一整個學期。不只一個大學一年級學生不知道自己為何求學，他也因為這樣而自行休學，去尋找自己的人生路。他就像許多學生前輩與後輩，為了找到人生目標而從軍（他加入的是騎兵隊）[2]。他在軍中遇到一起意外，差點要了他的命。他騎的馬突然用後腿直立，把他摔到地面。有一台四輪馬車拖著又大又重的大砲，正朝著他駛來。馬車駕駛在千鈞一髮之際煞車，博格嚇到差點折壽，幸好沒有大礙。隔天一大早，他收到父親發來的電報，父親問他，最近可曾遇見不尋常的事？顯然就在博格慌忙起身，逃離載著大砲的馬車之際，他的姐妹突然大為恐慌，認定與她向來親厚的博格必然有難。博格堅信，這件事情足以證明，他與姐妹心靈相通，從此他終其一生始終相信心電感應，一心想找出能證明心電感應確實存在的生理證據。

一年的兵役結束，博格回到大學校園，追求新的目標。他決心要找出他所謂的「心理能量」（psychic energy），又稱「Ｐ能量」的生理原理。他的人生與工作的主軸，變成「尋找客觀的大腦活動，以及主觀的心理現象之間的相關性[3]」。

博格的終身志業，並沒有讓他成名。他並未發現主宰心理現象的大腦區域，連用科學方式證明心理能量確實存在也沒做到。但他並沒有因為失敗就不再尋找，而是出奇執著，哪怕屢次失敗，依然堅持繼續尋找Ｐ能量存在的證據。也許他會認同愛迪生對於研究的哲學：「我沒失敗。我只是找到一萬個沒用的辦法。」

博格尋找心理能量的第一步，是與一群獨特的病患合作。這群病患是名符其實的「腦子有洞」。在博格的年代，需要大腦手術的病患，會進行**環鋸術**（trepanation）〔現在叫做**顱骨切開術**（cra-niotomy）〕，暫時移除一部分的頭骨，醫師才能接觸到病患的大腦。手術結束後，移除的頭骨會被丟棄，等到新骨頭長出，缺口就會癒合。博格在一家大型醫學院工作，能接觸到做過環鋸術的病患。他首先量測病患的大腦在顱骨內的搏動，但用這種方式，並不能證明心理能量存在。後來他改為測量腦溫，最後則是測量大腦的電能。他先是想記錄狗的腦電活動，卻以失敗收場。

他在實驗室的研究因為第一次世界大戰而被迫中斷。他前往西方戰線（Western Front）擔任精神病醫師，為國效力。他在戰後返回大學繼續研究。對於博格來說，摧殘歐洲的世界大戰，以及參戰的戰鬥人員，是帶來幸運的「寶貝」。他服務的醫院，如今有大量病患頭部受傷，歷經「現成的」環鋸術，暴露出來的大腦等著讓人研究。博格使用微小的電信號，直接刺激大腦，再量測當電信號傳達至大腦皮質，到病患表示感覺身體受到碰觸的間隔時間（大腦是感覺不到疼痛的）。經過這些實驗，他決定採取與刺激大腦相反的方式，也就是記錄腦電活動。

在1924年，他終於量測到一名病患腦電活動中極其微小的振盪。那是一位動過環鋸術的十七歲病患，名叫塞德爾（Zedel）。接下來的五年中，博格都在確認他所記錄到的信號，確實來自病患的大腦皮質，而不是實驗室製造出來的。他決定將這一份運作中的大腦的紀錄，稱為腦電圖（electroencephalograph，顧名思義就是腦電的圖），並在1929年，於《精神病學與神經科學資料庫》（*Archiv für Psychiatrie und Nervenkrankheiten*）發表他的研究結果。這是史上第一份從活生生、會呼吸的人類研究對象身上所取得的腦電圖科學紀錄[4]。

對博格來說，不幸的是這篇論文在科學界並未掀起一絲漣漪。沒人相信他記錄了皮質的活動。博格對於心理能量的熱情人盡皆知，也許這也是幾乎沒人注意到他發明腦電圖的成就的原因之一。顯然博格無論是在自己的大學，還是在整個科學界的聲望都有限。他在戰後回歸醫院，升上院長，拿出普魯士人招牌的效率管理醫院：守時、嚴格，與同僚較為疏離。他無論是在醫院還是在實驗室，都沒有拉近與同僚的關係。他顯然也不清楚，能找出一種方法記錄正常運作的大腦的活動，是何其幸運的事情。他從未主動研究電與電系統的基本知識，不過他的同僚倒是注意到缺乏這些基本知識的他仍能實現如此成就。威廉‧格雷‧華特（W. Grey Walter）於1935年造訪博格的實驗室。他寫道：

> 博格竟然是個不科學的科學家……他在同僚心目中，並未躋身德國頂級精神病學家之林，反而有著為人古怪的名

聲⋯⋯他對於自己使用的研究方法的技術原理與生理原理一無所知。他完全不懂力學與電學[5]。

博格發表的論文沒有引發半點迴響，但他還是繼續研究，從1929至1938年間，他發表十四篇探討皮質的腦電活動的論文。（他是奧斯汀的第二型運氣的絕佳例子，以堅持、行動與活動打破僵局，開創能帶來好運的新契機）。直到1934年，名氣更響亮、更有名望的英格蘭生理學家埃德加·道格拉斯·阿德里安爵士（Lord Edgar Douglas Adrian）做出與博格一模一樣的研究成果，腦電圖才終於成為一種醫學及科學工具，博格也終於因為發明腦電圖而聲名遠播。

腦電圖：正在運作的大腦的示意圖

在製作腦電圖的過程中，研究人員將圓盤形狀的小小電極，以具有黏性的凝膠固定在頭骨上方的皮膚。凝膠的作用是確保電極會停留在皮膚上。電極下方的大量細胞在「發射」，將所謂的**動作電位**（action potentials），亦即小小的電訊息，從一個**神經元**（負責發送訊息的腦細胞）傳達到另一個。大腦的電訊息是由離子載運。離子是一個原子或一群原子，因為得到或失去一個電子，所以帶有正電荷或負電荷。

高中物理課告訴我們，帶有相同電荷的離子會互相排斥，帶有相反電荷的離子則是會互相吸引。若有許多離子排斥或吸引許多其他離子，就會形成一波電流，電荷也得以在整個系統移動。頭皮上的電極會偵測到一波波電的活動。電極的金屬會傳導電波裡電壓的推（相同的電荷互相排斥）與挽（相反的電荷互相吸引）。布置在頭皮不同位置的電極，會記錄稍有不同的電波，再由電壓計（voltmeter）量測這些差異。腦電圖就是這些電壓的長期紀錄，代表電極下方細胞的所有同步活動[6]。腦電圖是大腦研究的重大變革，研究人員從此可以觀察正在運作的大腦。腦電圖會記錄電波的頻率（每秒振盪次數或電波數）、振幅，以及位置（皮質的哪個部分在產生這些電波）。

皮質的活躍細胞會製造四種基本的電波。α波（alpha waves，阿爾法波，博格記錄到的第一種電波，原本稱為「博格波」）振盪的頻率，是每秒大約八至十三個電波。通常在一個閉著雙眼，沒有專注在任何事情上的人（處於清醒且放鬆狀態的人）身上，可以觀察到α波。一般而言，位於頭的後部的電極才會記錄α波，而不是位於頭的前部的電極。

β波（beta waves，貝塔波）振盪的頻率，大約是每秒十三個電波以上。我們在清醒且專注在某個事物上的時候，β波較有可能顯現在腦電圖。負責記錄的人員往往會要求受觀察對象默默完成數學題或是閱讀等等。受觀察對象的眼睛是睜開的，整個人是清醒的，也會專注在周遭環境。β波較常出現在頭的前部，而非頭的後部。α波與β波的振幅較低（較小），頻率較高（較快）。

θ波（theta waves，西塔波）比α波、β波慢（每秒大約三·

五至七・五個波）。δ 波（delta waves，德爾塔波）更慢（每秒三個波，甚至更少）。相較於 α 波與 β 波，θ 波與 δ 波非常大，通常出現在受觀察對象已經入睡，但沒有作夢的時候（但我實在想不通，頭皮上放著一堆腦電圖電極，怎麼可能睡得著？）做白日夢，或是我的祖母稱之為「出神」的時候，也會顯現 θ 波。研究人員與醫師參考腦電圖紀錄，可以判斷一個人的大腦是否正常運作。他們會長期觀察波的形狀、波的頻率，以及波的位置，找出異常之處，藉此判斷哪裡可能出了問題[7]。

運氣，你的大腦，以及腦電圖

這些跟運氣有何關連？這個嘛，相信運氣，就像相信任何事物，例如好或壞、深奧或膚淺、矮妖精或惡魔、其他行星上的生物，或是某雙鞋子有神奇的力量能助你心想事成，都是一種思想。大腦是負責思考的器官，應該說思想是大腦運作的終端產物。隆博（Rumbaugh）與列文（Lewin）指出，複雜精細的中樞神經系統（大腦）存在的基本目標，是協助我們思考下一步該怎麼做[8]。大腦為了決定下一步該怎麼做，會運用其所能「拿到」的一切。我們所理解的人生意義，我們的預期，我們所理解的因果關係，我們的恐懼與焦慮，我們對於自身狀態的看法（幸運還是不幸），以及宇宙運作的方式（運氣出現，或是不出現），我們的大腦做一個看似簡單的決策，都會考量上述種種因素。這個決策就是,下一步是什麼?

　　大腦活動的型態,是否有助於我們更了解運氣?我們從辛苦工作的大腦的腦電圖,能否看出我們所做的歸因,以及我們建構的反事實存在的證據?要回答這些問題,我們首先必須了解整個大腦,一一認識大腦各系統與迴路的位置與功能,接著再探討該如何從腦電圖看出運氣。

大腦簡介

　　博格以及其他科學家注意到,頭骨不同部位之下的皮質活動似乎不同。腦電圖所記錄的頭骨前部的皮質活動,與大腦後部的皮質活動並不相同。這些區塊有何差異?我們處於放鬆狀態,沒有特別專注在某個事物上,相對於我們在解決問題的時候,皮質的各區塊分別在做什麼?

　　無論是當時還是現在,科學家面臨的問題是大腦的每一個部分,看起來就跟其他部分一模一樣。神經解剖學家必須整合實驗室與醫院的多項研究的資訊,才能判斷大腦各區塊的作用,最終歸納出哺乳類大腦的基本組織架構。大腦每一天的每一刻都面臨海量資訊,是採取各個擊破的策略。大腦若是沒有將接收到的資訊予以組織,資訊可能會在混亂中被忽視。

　　有了規則、型態以及組織,存取資訊就容易多了。大腦的第一個明確的組織架構,是我們的頭部其實有兩個大腦,也就是兩個半球，每一個都有皮質覆蓋，也各自擁有同樣的基本皮質下結構。大腦運作的第一條通則，是大腦的右半球控制身體的左側，左半球則是控制身體的右側。我們常說慣用右手的人具有**左腦優勢**，而慣用左手的人具有**右腦優勢**。

皮質本身也可大致分為四個基本的腦葉，每個腦葉負責處理不同類型的資訊（見圖五之一）。每個腦葉負責一項主要功能，不過也會與其他腦葉分享資訊。位於大腦最後方的小腦，有時又稱第五腦葉，但小腦擁有自己的結構，包括自己的皮質、皮質下結構，也具有獨特的功能，所以我們在這裡就不談小腦。

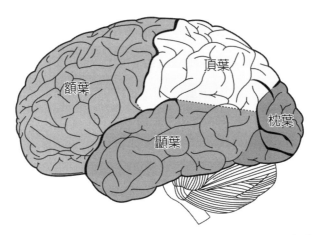

圖五之一　人類大腦皮質的腦葉示意圖。枕葉、顳葉與頂葉負責處理流入大腦的感官資訊，最終將資訊送往額葉，以決定接下來該怎麼做。

資料來源：Henry Vandyke Carter,〝Lobes of the Brain〞（腦葉名稱為作者自行添加）,Wikimedia Commons, https://commons.wikimedia.org/wiki/File:Lobes_of_the_brain_NL.svg。

大腦的四個腦葉中，有三個主要負責處理我們之外的世界的動態資訊。這些腦葉組成感覺皮質（sensory cortex），因為是從我們的眼睛、耳朵，以及最大的感覺器官，也就是皮膚接收資訊。每一個感覺系統接收到的資訊再由位於皮質中專屬的感覺區處理。

我們認識大腦的旅程，將從大腦後部的**枕葉**開始（枕葉的英文occipital lobe字面上的意思是「頭的後方」，拉丁字ob的意思是「背靠或後方」，caput的意思則是「頭」）。枕葉這一區的皮質，與位於頭部的雙眼距離最遠，負責處理視覺資訊。位於我們頭部兩側，準確地說是位於我們的太陽穴位置的，是**顳葉**（英文字temporal lobe源自拉丁文temporalis，意思是我們頭部平坦的兩側）。顳葉負責處理聽覺資訊，以及我們對於所認識的人的臉龐的記憶。**頂葉**（英文字parietal lobe源自拉丁文paries，意思是房屋的牆壁）位於大腦頂部，負責處理觸覺，理解我們碰觸的東西有多熱或是多冷，是粗糙還是平滑等等。頂葉也負責指引我們的行動，協助我們理解一個物體位於我們周遭環境的何處。

最後，位於大腦前部的是**額葉**（英文為front lobe，因位於前方，因此得名）。額葉接收來自大腦各處的訊息。關於我們生活環境的所有動態的感官資訊，全都會送往額葉。額葉需要這些資訊，因為額葉負責的是**執行功能**，包括掌管注意力、記憶、規劃、抽象思考、情緒、動機，以及我們做了對的事情的酬賞感的系統。額葉會監督我們的行為。我們若是犯了錯，或是做了不為社會所容（或是純粹不正確）的事情，必須克制再度犯錯的衝動，額葉會讓我們知道。額葉的各系統也會將指令傳達給我們身體的肌肉（稱為**運動系統**），我們的身體就能自主運動。

大腦是一個複雜且有組織的結構，各區塊負責處理不同類型的資訊，並與大腦的其他區塊分享資訊。這種組織結構，將需要處理的資訊分配給左腦與右腦，再分配給左腦與右腦之內的特定區塊，該做的事情就會依照正確的次序完成。尤其是額葉，似乎掌管著我們個人的身份、我們想達成的人生目標、下一步的計畫，最終也要告訴我們的身體，該如何執行計畫。

你可曾想過，我們是如何知道這些關於腦功能的資訊？原因之一是腦電圖問世之類的科技突破，再加上科學界細細研究個別神經元的迴路，以及神經元彼此傳遞的訊息。但科學家研究大腦運作的過程中面臨的問題之一，是每個健康大腦的運作都有很大的差異。因此，我們僅僅觀察一個人的行為，並無法判斷此人的大腦是否正常運作。舉個例子，我們怎麼知道哪一種腦電圖顯示的是正常健康的大腦，哪一種又代表大腦有問題？你大概發現了，這個問題的解答，很明顯就在問題的字面上。醫學、神經科學，以及心理學長年研究異常大腦，也就是損傷或曾經患病的大腦，以了解正常大腦的樣貌。

費尼斯・蓋吉（Phineas Gage）的故事，正是為了理解什麼叫正常，而去研究異常的絕佳範例。蓋吉在神經科學與心理學界頗為知名，因為他的大腦受到重創，而且那次受傷並沒有直接奪命（他可是**非常**幸運）。1848年9月13日，在一次使用炸藥炸毀鐵路路基的工程中，爆炸的時機沒拿捏好，導致一根鐵棒直接刺穿蓋吉的頭部。出乎他的同僚、醫師，以及家人的意料，他竟然活了下來，（許久之後）順利康復。然而他的親朋好友都說，康復的他就像換了個人，完全不是他們熟悉、深愛的蓋吉[9]。

在蓋吉受傷後，治療他的醫師約翰・馬丁・哈洛（John M. Harlow）表示，受傷之前的蓋吉深受老闆看重，而且「神智健全」。蓋吉的親朋好友與老闆曾說，他是個「精明聰穎的商人，活力充沛，為達目的堅持不懈……懂得節制、文靜、彬彬有禮……具有鋼鐵般的意志，還有鋼鐵般的體格[10]。」

蓋吉的親朋好友說，受傷後的他「再也不是以前那個蓋吉」。哈洛表示：

> 他的智能與獸性之間所謂的平衡，似乎毀於這場意外。他變得反覆無常，粗魯無禮，有時還會口吐最不堪的言語……對同事不敬，一意孤行，不聽勸阻。有時頑固至極，卻又善變躊躇。規劃了不少未來要做的事，但一想到看似更可行的方案，就立刻棄置原本的計畫[11]。

總而言之，蓋吉原本是個可靠的好人，受傷之後卻變成一個三心二意，不可靠，口出惡言的討厭鬼。難怪他每一份工作都做不長久，輾轉移居許多城市，有工作就去做。

幾個世代的醫師與科學家研究過這個奇怪的案例，覺得蓋吉的大腦至少有一部分損傷，導致他的性格，以及他針對目標制訂計畫的能力徹底改變。意外發生之後，他似乎無法專注做事，也無法把事情做完，因此無法達成目標。哈洛認為，那根刺穿蓋吉頭部的鐵棒，損傷了蓋吉額葉的一部分，但哈洛缺乏所需的工具，無法檢視受傷的地方。近年來針對蓋吉頭骨的研究〔頭骨收藏於位於波士頓的康特維醫學圖書館（Countway Library of Medicine）〕使用精密的數位影像技術，將受傷的位置縮小到額葉，主要位於左腦（蓋吉大腦的左側）[12]。

我們仔細看看額葉。額葉分為前額葉皮質區（prefrontal cortex，可以說是前部的前部）以及兩個大型「運動」區。兩個運動區是大腦的主要輸出路線，負責製造運動的指令。指令再傳達給我們的骨骼肌，我們就能以各種奇妙的方式運動。前額葉皮質區（PFC）本身也分為三大區，每一區分別掌管執行功能的不同層面。這三區就像許多大腦內部的結構，是依據它們在額葉的位置命名。**背側**代表位於最上方，就像鯊魚的背鰭，**腹側**的意思是位於腹部（在這裡是位於底部的意思）。**側面**的意思是位於側部，**眼窩**的意思就是位於眼窩，是眼睛所在的骨槽。

前額葉皮質各區的功能有些重疊。背外側前額葉皮質（dorsolateral prefrontal cortex，dlPFC）主要負責計畫接下來該怎麼做：在這個情況下，我是該採取行動，還是應該等待變局？我們在規劃的時候，要動用儲存在記憶中的資訊，所以背外側前額葉皮質也會使用我們的**工作記憶**（working memory）。工作記憶就是我們現在正在思考的資訊（工作記憶就像你的電腦現在的線上資訊，長期記憶則是像儲存在你的電腦中央處理器的所有資訊）。

背外側前額葉皮質也掌管我們的**認知彈性**（cognitive flexibility），亦即我們從一件工作轉換到另一件工作，或是同時思考不只一件事情的能力。我們必須做出高風險決策的時候，例如衡量一個計畫的成本效益時，背外側前額葉皮質會格外活躍。背外側前額葉皮質與大腦掌管感覺處理（理解我們之外的世界的動態）的區塊，以及掌管動作（對於周遭發生的一切，我該如何因應）的區塊，有著大量的互惠關係。

腹內側前額葉皮質（ventralmedial prefrontal cortex，vmPFC）負責整合、組織工作記憶。腹內側前額葉皮質與大腦之中負責處理情緒與記憶的區塊分享資訊，也與背外側前額葉皮質分享資訊。最後，眼窩額葉皮質（orbitofrontal cortex，OFC）負責處理我們對於這個世界的情緒反應，還有最重要的，我們的社會互動，以及我們所意識到的能爲社會所接受的行爲。眼窩額葉皮質若是受傷，會引發一系列的行爲變化，統稱爲**抑制困難症候群**（disinhibition syndrome）。病患的行爲似乎完全不受拘束，全然不顧社會規範與預期（例如蓋吉突然有了連珠砲爆粗口的習慣），按照每一個衝動行事，難以評估風險（也許純粹就是不在乎風險）[13]。

鐵棒刺穿蓋吉的頭部，也破壞了蓋吉大腦左側的前額葉皮質，他也因此出現前額葉皮質損傷的典型症狀：決策困難、喪失規劃未來的能力、對於環境以及環境中的一切動態漠然以對或不感興趣，以及喪失監控、調節自身行爲的能力。前額葉皮質損傷的病患，展現出來的行爲彷彿只在乎自己，再也不在乎其他人，也不在乎任何事情。他們可能完全無法控制衝動，行爲舉止完全失當。前額葉皮質損傷的症狀如此不討喜，因此與「前額葉皮質病患」共同生活往往是一種折磨，因爲他們完全無法克制自己的衝動[14]。

病患之所以很難決策與規劃，似乎是因爲位於背外側前額葉皮質的系統損傷，導致病患無法專注在自身的內部狀態，也無法專注在周遭的環境。之所以無法監控、調節自己的行為，是因為眼窩額葉皮質損傷，所以蓋吉的親朋好友才會說，受傷後的他彷彿變了一個人。這兩個迴路都會影響我們對未來會發生的事的判斷、我們對自己的看法，以及我們與自己的社交圈內的重要人物的互動。因此，這兩個迴路都會影響我們的幸運程度，也會影響我們對於自己幸運程度的判斷。

運氣與你的前額葉：要注意！

還記得奧斯汀的第四型運氣，也就是行動、準備，以及每個人的獨特性格的組合？你可能認為，這種類型的運氣是幸運的人懂得運用注意力系統，找到「正好」的結果。比起不幸的人，幸運的人更常出現在合適的時間與地點，正好能發揮自身的才華與能力。所謂的幸運，說穿了可能只是注意力較佳。提升運氣的訓練，確實往往就是從改善注意力開始（提升運氣的方法請見第七章）。所以究竟什麼是「注意」？

注意是一種認知過程，是我們為了達成目標，幾乎是接連完成的一系列行動。我們「注意」世上的某個事物，就等於專注在這一件事物上，也會盡力不去注意其他事物。我們每次注意一件事物，就會用去注意力這種有限資源的一部分。我們不能沒完沒了一直分散注意力，因為遲早會再也沒有注意力可以分散。我們其實不能一邊開車一邊講手機，更不能一邊開車一邊傳簡訊，這樣只會兩件事都做不好，因為人類的注意力根本無法同時做那麼多事情。

背外側前額葉皮質掌管所謂的**執行注意力**（executive attention）。執行注意力是自主的，是我們可以控制的，我們可以決定要如何使用、用在哪裡。我們通常會將執行注意力用於達成目標，這叫做由上而下的處理過程（top-down processing）。另外還有所謂的由下而上的注意力，是由在我們之外的外部世界的事件與刺激所帶動，或是吸引。我在第六章會討論這種外因性（在我們之外的）注意力，以及這種注意力對我們的運氣的影響。

探討大腦如何控制注意力的研究，也使用「損傷」模型，例如研究前額葉皮質某些部位損傷的病患，再詳細列出病患注意力所受到的影響。蓋吉的例子明顯證明，前額葉皮質損傷可能導致注意力系統嚴重損傷。近年來，注意力有問題的人成為研究的對象，研究人員循著問題倒推回去，探討他們的大腦是否有所變化。

這類研究最常探討的疾患，是注意力缺失疾患（attention-deficit disorder，ADD）與注意力不足過動疾患（attention-deficit hyperactivity disorder，ADHD）。顧名思義，這兩種疾患的特徵，當然是注意力的問題。這兩種疾患依照不同的分類法，有幾種次類型。不過大多數的診斷標準所列出的症狀，都包括注意力廣度低、容易分心、無組織，以及在需要專注才能達成目標的時候無法專注[15]。

研究人員想知道是哪個大腦區塊運作異常，才會引發這兩種疾患，會鎖定前額葉皮質其實很正常。幾項很有意思的研究一致顯示，患有這兩種疾患的病患，以及沒有患有這兩種疾患的人的腦電圖有所差異。尤其是前額葉皮質神經元所產生的 θ 波對 β 波的比率，有注意力問題的病患所顯現的比例是異常的。要記得，θ 波是較大，速度相對較慢的波（每秒四至七個波），通常出現在我們入睡，正要開始作夢的時候。θ 波一般也會出現在我們做白日夢，或是我們非常放鬆，並未專注在任何事情上的時候，或者是我們在冥想的時候。β 波則是較小（振幅低），但速度非常快（每秒十五至四十個波）的波，通常出現在我們專心解決問題的時候。所以 β 波是由額葉的神經元產生，而額葉的神經元又是前額葉皮質掌管執行功能以及注意力的迴路的一部分，也就不足為奇。

　　健康大腦的腦電圖會顯示 β 波與 θ 波。如果你的腦電圖上的 θ 波與 β 波一樣多，這個比率會是一‧〇〇，或近似這個數字。「健康的」成人大腦的「標準」 θ/β 比率會隨著年齡、記錄的皮質位置，以及記錄所用的方法而有所不同，大約一‧七至八‧五不等[16]。β 波若是比 θ 波更多，那比率就會低於一‧〇〇。θ 波若是比 β 波更多，那比率就會高於一‧〇〇，那就代表有問題。「標準的」高比率，為三‧七至將近十不等，也會受到年齡、記錄位置、記錄方法，以及具體的注意力缺失所影響。近年的研究發現，對於患有注意力缺失疾患以及注意力不足過動疾患的成人與兒童而言，這個比率是失衡的。他們的腦電圖似乎多半是 θ 波。甚至有些研究人員認為，患有這兩種疾患的人，即使周遭環境出現需要他們專注的事物，他們可能也難以脫離所謂的 θ 波狀態，亦即難以脫離心情輕鬆、感覺與現實脫節的夢幻狀態[17]

　　處於 θ 波狀態本身並不是壞事。大多數人開車上班的次數太多，幾乎到了習慣成自然的地步。但你開車上班，可曾覺得突然一下子就到了辦公室，對於中間的路程毫無感覺？這就是 θ 波狀態，常有人說自己最棒的靈感都是出現在 θ 波狀態。問題在於你需要專注的對象若是突然出現在你面前，例如你開車的途中，有個白癡突然開車插到你前面，逼得你不得不猛踩煞車，你需要專注，但你卻無法脫離 θ 波狀態。

那其他注意力有所改變的心理狀態，例如被催眠的狀態呢？被催眠的人的腦電圖，是否會有變化？催眠狀態是一種意識改變的狀態，特色在於被催眠者的專注力，以及隔絕讓人分心的事物和無關的刺激的能力大增。每個人受到「催眠誘導」影響的程度，或是進入催眠恍惚狀態的容易程度不同（研究人員通常會避免用「**恍惚**」一詞形容被催眠的研究對象，因為恍惚狀態很難有確切的定義）。大約10%的人口「極易受到催眠影響」，另有10%極不容易受到催眠影響，其餘的80%位於這兩種極端之間[18]。極易受到催眠影響的人，即使不處在被催眠狀態，也不難隔絕真實世界的種種干擾，也很容易進入白日夢的世界。

θ 波狀態與催眠恍惚雖然相似，但在標準的腦電圖中，被催眠者與未被催眠者的 θ 波節奏並沒有差異。你看著腦電圖的腦波，並無法判斷此人是否被催眠。不過從腦電圖倒是可以看出，大腦各區塊能否共同發揮功能，換句話說，這些區塊能否互相交流，共享資訊。你從這個角度看腦電圖，就能看出很容易被催眠的人的特徵。研究人員發現，容易被催眠的人在被催眠期間，連結額葉與頂葉的注意力迴路的 θ 波節奏，比沒被催眠的時候**增加**。「極易被催眠的人」在被催眠期間，額葉與枕葉的 β 波節奏**大幅減少**。θ 波節奏改變，代表由上而下的執行注意力迴路改變。額葉與枕葉的 β 波節奏改變，可能會導致一個被催眠的人覺得無法控制自己的動作[19]。

我們喜歡高風險行為，這一點非常符合人性。而 θ / β 比率，也與我們喜愛高風險行為的特質有關。在一場名為愛荷華賭局作業（Iowa Gambling Task，IGT）的賭博行為研究，研究人員請參與者從電腦螢幕上的四副牌中選一張牌。參與者選了一張牌，螢幕就會顯示因為選了這張牌而贏得或損失的金額。四副牌當中的其中兩副，有很多張牌能讓玩家大筆贏錢，但也夾雜著幾張會讓玩家損失更慘重的牌。這兩副牌又稱「劣勢牌」，因為玩家如果一直選擇這兩副的牌，長遠來看會輸錢。選擇另外兩副牌（「優勢牌」）會時常小額贏錢，但偶爾也會損失更小額的金額。如果一直選擇這兩副牌，整體而言會贏錢。玩家必須理解隱性的規則，藉此判斷每一副牌的輸贏機率，而且如果想贏得最多的錢，就必須依照隱性的規則，改變選牌策略。他們應該要愈來愈頻繁抽取優勢牌[20]。

在愛荷華賭局作業中，衡量學習成果的方法是將玩家在最後二十次選牌時選擇優勢牌的次數，減去玩家在最初二十次選牌時選擇優勢牌的次數。理論上，玩家想知道哪幾副牌能贏最多錢，一開始應該要隨機選擇全部四副牌，所以這時選擇優勢牌的次數會相對較少。等到玩家了解贏錢的策略，就會只選擇優勢牌，所以到後來選擇優勢牌的次數會相當多。玩家在遊戲的前段與後段選擇優勢牌的次數差距愈大，就代表愈懂得贏錢的訣竅。

並不是每一個玩家都能夠參透贏錢的訣竅。注意力缺失疾患與注意力不足過動疾患的患者，在愛荷華賭局作業中，往往會一再選擇劣勢牌，也就是在罕見情況下能大筆贏錢的牌，但他們似乎不在乎有可能蒙受更巨大的損失。在愛荷華賭局作業中選擇「高風險」行為，有兩種原因。第一，不知道該選擇優勢牌的玩家，可能只是對於劣勢牌所能帶來的酬賞金額超敏感。第二，他們對於「懲罰」的規模（損失的金額）在意的程度，也有可能是不成比例的低。無論是何種原因，從愛荷華賭局作業的表現，即可看出從事高風險行為的意願。

要強調的是，並不是只有注意力有問題的人，才會「輸掉」愛荷華賭局作業。很多人並未患有注意力缺失疾患與注意力不足過動疾患，卻也會在賭局作業中，做出風險更高的選擇。每個人的風險容忍度不同，各自注意的賭局層面也大相逕庭。一位覺得自己很幸運的賭客（認為運氣是他們自己帶進賭場的一種個人特質），完全有可能在愛荷華賭局作業中，一再選擇高風險的牌，認為自己有好運相助，最終一定會贏錢。也有可能是只要相信自己天生好運，或是至少暫時有好運相隨，所以即使輸錢，也比較不會生氣。研究結果也證實，確實有可能如此。

在一項國際研究中，北卡羅來納州杜克大學（Duke University）以及荷蘭烏特勒支大學（Utrecht University）的研究人員，研究並未患有任何一種學習障礙或其他認知問題的學生，在愛荷華賭局作業的表現[21]。**賭局都還沒開始**，研究人員只要觀察學生們的腦電圖所顯示的額葉的 θ/β 比率，即可預測哪些學生會選擇風險較高的兩副牌。學生展開賭局之前，θ/β 比率愈高（θ 波比 β 波更多），在愛荷華賭局作業的學習表現就愈差。θ/β 比率較高的學生，更願意在賭局作業中冒險。

　　研究的結論是，懂得使用優勢牌贏錢的學生，以及選擇劣勢牌所能帶來的興奮感的學生的 θ 波差異，代表他們需要不同的原因才能覺得從自身行為得到酬賞。也許「休息狀態的 θ 波強度，反映出個人做出高風險決策的可能性的差異」，也就是說，製造額葉 θ 波的額葉執行注意力迴路，是人人皆不同[22]。

　　有些參與研究的學生之所以選擇更高的風險，也有可能是因為覺得自己運氣好，認為自己終究會贏錢（我覺得很可惜，這項研究並沒有探討學生感知的幸運程度）。你若覺得自己運氣好，也許會認為追求更大酬賞的風險沒那麼高。第三章提到的研究裡的賭客，就覺得運氣是一種個人特質，也相信經常在賭場贏錢的賭客比輸家擁有更多好運[23]。只要感覺自己幸運，即使承擔巨大的風險，可能也覺得沒那麼難受。

　　研究證實，我們的額葉掌管注意力的執行控制。注意力與注意力控制的變化，可能會影響我們是否願意冒險，以及感受到自己行為所帶來的酬賞的程度。如果幸運的人比不幸的人更能控制執行注意力，那掌管注意力的大腦迴路會出現差異，也就不足為奇。如果自認為幸運的人比一般人更不在意輸錢，贏錢則是比一般人更覺得刺激，那腦功能會有這些變化也不會讓人感到意外。

　　費尼斯·蓋吉的悲慘故事告訴我們，前額葉皮質似乎與我們日常生活的另一層面，也就是我們的性格密不可分。我們來看看性格與大腦，再想一想，相信運氣與不相信運氣的人，性格是否有可能不一樣？如果相信運氣的人性格獨特，那他們運用大腦的方式，會不會與不相信運氣的人不一樣？

運氣與性格

我在第三章討論過歸因理論，也以歸因理論分析相信運氣的人。很多人向來認為，相信運氣的人擁有一個外部的控制點，在人生遇到意料之外、無法控制、不穩定的事，就歸因於運氣。這裡的假設，是不相信運氣的人較為理性，較會考慮機率，遇到意料之外的事件，也會思考自身的才能是否是原因之一。一般而言，心理學向來秉持的觀念，是不相信運氣的人的心理比相信運氣的人健康。

新的研究證實，相信運氣的人可能將幸運當成一種個人特質，當成自己性格的一部分。自認為幸運的人，面對偶然出現、出乎意料且必須解決的問題，會因為自認為幸運，而心懷希望與信心。他們也許仍然認為運氣是偶然，也是他們無法控制的，但認為自己幸運，也許就比較容易接受這種隨機性，面對出乎意料的事件，也就更能想出對策。從這個觀點來看，相信運氣的人比認為自己不幸的人心理健康更佳，因應技巧更好。

很難形容性格對運氣的影響。第一個困難之處在於必須定義性格是什麼，這可不容易。心理學家將性格定義為我們的思想、情緒反應，以及行為的型態，且能凸顯我們的獨特之處[24]。這些是我們與世界互動的特有方式，來自我們的內在，可以隨著經驗而改變，也往往會因為經驗而改變，但卻是我們的一部分。而學會計算數字總和、列舉動詞的變化形式，或是記憶歷史事件的日期，並不是我們的一部分。我們終其一生，性格始終如一，除非大腦發生巨變，否則不會突然改變，看看可憐的蓋吉的經歷就知道了。

從我們的腦電圖的 θ/β 波比率，也能看出性格的其他層面，包括我們的注意力策略，以及我們如何分配注意力，以因應廣大世界的眾多事物[25]。有些人比其他人更能控制注意力，而控制注意力的能力，是我們的性格中一種長期不變的特質。研究人員發現，θ/β 比率通常與控制注意力的能力呈現負相關。較能控制注意力的人，θ/β 比率通常較低，反之亦然[26]。我們控制注意力的能力，與大腦的注意力控制系統的運作有關。

每個人的性格還有另一項差異，就是特質焦慮（trait anxiety）。你一定知道，有些人比其他人更焦慮。對於某些人而言，焦慮是一種穩定不變的人格特質，這就叫做**特質焦慮**。特質焦慮較高的人，在很多情況都會感受到威脅與危險。別人不覺得危險的情況，他們卻覺得危險，而且在真正令人焦慮（也就是真正具有威脅）的情況，他們感受到的焦慮也高於特質焦慮較低的人。我們的特質焦慮會影響我們分配注意力的方式，因此也關係到我們如何、何時將事件歸因於運氣。

索妮雅·畢夏（Sonia Bishop）的研究發現，特質焦慮較高的人，背外側前額葉皮質的活動程度，遠低於特質焦慮較低的人[27]。研究參與者必須完成的任務，若是並不需要全神貫注就能處理，那這種額葉功能的差異就格外明顯。焦慮程度較高的人若是沒有全神貫注在眼前的任務上，比起焦慮程度較低的人更容易受到研究人員在任務中穿插的、與任務無關的刺激影響，而分散注意力。一旦干擾出現，特質焦慮較高、背外側前額葉皮質的活動程度較低的人，更容易因為受到影響而分心。畢夏認為，前額葉皮質活動低落，也許是焦慮症患者表示專注困難的原因。如果一個人必須有效分配注意力，才能幸運，那依據畢夏的研究結果，比起「不幸」的人，幸運的人較不焦慮，也較能控制前額葉注意力系統。

無論我們的性格如何，我們在事件發生之後，思考箇中意義，往往都會歸因於運氣。將事件歸因於運氣，往往是反事實，亦即我們事後回想，所想出的不同於實際情形的另一種現實。一般而言，一個事件的反事實結果若是比實際情形更不理想，或是反事實非常接近實際情形，又或者我們覺得自己能選的路非常有限，我們就會歸因於運氣。

喬治城大學（Georgetown University）的研究團隊主張，前額葉皮質也會影響我們使用反事實思考的方式：「我們能否記得過去，預測未來，取決於是否有能力從感知當下的環境，轉換到另一種想像出來的觀點[28]。」亞倫‧巴比（Aron Barbey）與同僚也指出，我們想像當初要是換一種作法，事情的結果會如何不同，並且評估換一種作法的後果，關鍵就在於前額葉皮質。

我們的歸因型態，也是性格特徵的一部分。社會心理學家經常以**歸因風格**（attributional style）〔又稱**解釋風格**（explanatory style）〕，解釋我們如何歸因世上的事件。有些人具有樂觀歸因風格，往往認為正面事件之所以發生，是因為自己具有某些內在特質

（內部歸因），但負面事件就不是自己的過錯（外部歸因）。樂觀者通常也認為，正面事件有可能再度發生（穩定且普遍），將負面事件視為不穩定的意外，認為不太可能再度發生（不穩定且局部，而非普遍）。在另一方面，悲觀者通常認為正面事件存在於我們的外部環境，而非內在，卻會將負面事件歸咎於自己（內部歸因）。悲觀者也傾向將負面事件視為穩定且普遍的，認為會永遠持續，也會在自己人生的各層面一再發生。他們也多半認為正面事件是暫時的、偶然的，這種想法與樂觀者相反。

樂觀者與悲觀者會以不同的方式，將事件歸因於運氣。他們的大腦處理資訊的方式也不一樣。研究證實，樂觀與相信好運之間是正相關的關係。你愈相信好運，往往就會愈樂觀。相信好運的人，往往也會懷抱希望[29]。

琳‧艾布拉姆森（Lyn Abramson）等人表示，極為悲觀的人較容易憂鬱[30]。憂鬱與其說是單一的心理疾病，比較精確的說法應該是一系列的疾患。艾布拉姆森表示，有一種類型的憂鬱是「絕望憂鬱」。這種憂鬱的特色，是感覺深深的悲傷，不願展開新的計畫，也不願參與社會互動，精力低落、淡漠，以及整體而言活動量減少。絕望憂鬱的人，通常也是嚴重悲觀者。他們認為不好的事情會發生在自己身上，也會產生負面的後果。他們的內部自我歸因也是負面的。一般而言，他們並不相信好運。悲觀者使用執行注意力系統的方式，可能與樂觀者不同。

研究證實，左額葉與右額葉（我們有兩個額葉，左右腦各一個）在絕望憂鬱者體內的活躍程度不一樣，在非憂鬱者體內的活躍程度則是較為一致。威斯康辛大學研究團隊觀察一大群大學生的腦電圖。這些學生從未經歷過憂鬱，連輕微的也沒有。研究團隊發現，學生愈是悲觀，左腦額葉的活動程度，就愈是低於右腦額葉的活動程度。他們也發現，觀察學生左腦與右腦的活動程度的差異，就能預測哪些學生三年後會陷入憂鬱。若是人生觀極為悲觀，左右額葉的活動程度又不相同，往後就有可能受到絕望憂鬱困擾[31]。

觀察大腦如何關注外部的世界，只是理解我們在日常生活中如何取得資訊、處理資訊的方法之一。我們若能理解這個重要的過程，就能教導任何人任何東西。我們分配注意力的方式，會直接影響大腦接收的資訊。你的注意力從事件甲轉移到事件乙，大腦所做的決策也會跟著轉移。你在第七章會發現，換個也許更好的新方法發揮注意力，便能扭轉你的運氣。

第 6 章

運氣與你的大腦：第二部

科學是對抗狂熱與迷信之毒的良方解藥。

亞當・斯密（Adam Smith）

老鼠為什麼會快樂？

在第五章，我介紹了大腦的歷史，科學如何發現大腦的重要性，以及腦電圖的發明讓科學家得以觀察大腦的運作。神經科學家要研究大腦，必須先了解腦功能的幾個層面。首先，必須了解大腦的作用，也就是我們為何會有一個大腦。了解之後，還要有辦法觀察一個細胞傳遞給另一個細胞的訊息。最後也必須了解大腦是如何發揮功能，亦即腦細胞傳達的訊息究竟是什麼，又是如何引發行動、思想、想像力，以及「我很幸運」之類的信念。而在這一章，我會說明腦細胞之間如何交流，又是如何與你的身體其他部位交流，交流的形式是什麼，以及交流與運氣之間的關連。

首先，我想分享另一個關於狗屎運對科學影響的故事。科學家在媒體的形象，多半是極為專注，愛穿實驗室白袍，戴著可樂瓶底一般厚的鏡片的眼鏡，而且因為專注在細節上，所以比起其他人，較不容易受到人生的隨機性影響。實驗室的研究都是經過審慎規劃，仔細執行，沒有隨機的偶然插手介入、製造混亂的餘地。但即使在實驗室，有時也是混亂的天下。科學界某些神奇的新發現，純粹是機緣湊巧，撞到好運。兩位心理學家詹姆斯・奧爾茲（James Olds）與彼得・米爾納（Peter Milner）發現大腦「快樂中樞」的經過就是明證。

故事發生在奧爾茲與米爾納在1954年發表知名研究的很久以前。而這項研究的結果號稱「該領域迄今最重要的一項發現[1]」。應該說故事的開頭，是有人發現人類會努力爭取能讓我們快樂的東西，也會付出同樣的努力，避開會讓自己痛苦的東西。古代哲學家伊比鳩魯（Epicurus）正式提出這個非常基本的概念。他告訴學生，只要追求簡單、能持久且可達成的快樂，並且避開痛苦，就能擁有幸福[2]。倡導功利主義的哲學家傑瑞米・邊沁（Jeremy Bentham）（大約於1840年）也提出類似的概念。他說，人類有兩個主宰：痛苦與快樂[3]。他也主張，「可以」也「應該」以科學方法，研究這兩種人類行為的動機。心理學於1879年於德國生理學家威廉・馮特（Wilhelm Wundt）的實驗室誕生之時，研究心理學的學者接過哲學家的未竟之業，開始研究這兩種人類行為的動機。

心理學將人類追求快樂，避開痛苦的傾向，稱為**心理享樂主義**（psychological hedonism）。心理享樂主義對於我們如何得知新資訊，適應周遭環境的變化的相關研究影響深遠。基本學習理論告訴我們，我們會努力重複能帶來快樂、酬賞，以及增強的行為，也會停止會導致痛苦、懲罰的行為。正如邊沁所言，快樂與痛苦，酬賞與懲罰，會影響我們的日常生活。早期的神經科學家深感好奇，這種快樂或酬賞，痛苦或恐懼的感覺，是由大腦的哪一個區塊產生？兩位率先探索大腦的學者，正是彼得‧米爾納與詹姆斯‧奧爾茲。

在這兩位當中，米爾納是較為知名的一位。當時的他已經在麥基爾大學（McGill University），致力研究大腦如何引導我們的行為。奧爾茲則是帶著新科社會心理學博士的頭銜，抵達蒙特婁。奧爾茲想研究大腦如何學習，而當時主流的理論，是由米爾納的老闆，也就是麥基爾大學心理學系的新任系主任唐納‧赫布（Donald Hebb）提出。

擔任系主任要花費不少時間，能留給研究的時間也就不多，因此赫布安排對大腦運作一無所知的奧爾茲（社會心理學研究的是我們的社會群體，以及社會對個人的影響，而非大腦生理學），與對大腦運作頗有研究的米爾納見面。米爾納回憶奧爾茲以及奧爾茲提議的實驗，說道：

> 認識奧爾茲的人都知道，他不是那種發明了理論，然後就扔下不管的人。在他的眼裡，理論代表一個實驗計畫，神經科學理論當然就代表神經生理學實驗……他才剛來不久，就交給我一份他整理的（赫布的理論）的總結。裡面有關行為的部分，我看了由衷佩服……但他提出的模型，對於腦功能是毫無根據胡亂假設，這樣的人（在神經科學）是沒有前途的[4]。

米爾納體認到一個明顯的悲哀事實：奧爾茲不知道該怎麼進行他想做的研究。

米爾納將基本的東西傳授給奧爾茲，就把他放到實驗室，去測試赫布的學習理論的一個觀點，亦即我們之所以認為一件事情能帶來酬賞，是因為這件事情以前讓我們感到快樂，如果再次遇到，一群腦細胞也會因而活化。當時的科學家認為，這些活化的神經元是位於**網狀結構**（reticular formation，RF）。網狀結構蜿蜒通過腦幹，往上進入前腦，將附帶的連結送往大腦各處。奧爾茲想使用電極，直接刺激這些網狀結構細胞，藉此研究大腦這個區塊的活動，本身是否就是一種「酬賞」。老鼠會一再覓食，那是不是也會一再尋求能直接刺激大腦的事物？

奧爾茲挑選了一批老鼠，開始他的第一次老鼠實驗，顯然是把米爾納教的，全都扔到離他最近的窗外。他還改變了米爾納製作要用來刺激腦細胞的電極的流程，至於為何這樣做，只有他自己知道。電極的外型改變（他製作的電極，比米爾納教他製作的更大，更重），就必須以另一種外科手術方式放置電極，而不是採用米爾納教他的那一種。這就釀成一個重大的錯誤，奧爾茲以為是對準網狀結構的電極，不僅根本沒對準，還至少有四公釐的誤差。在極小的鼠腦中，這已經是很大的距離。（一般的成年鼠腦的長度略低於一英吋，大概跟帶殼的小核桃一樣大。）

在奧爾茲前來之前，米爾納已經做過類似的實驗。他發現刺激網狀結構，並不能帶來酬賞（他將電極放置在網狀結構**裡面**）。這場實驗的老鼠，其實是盡量**避開**刺激。可想而知後來奧爾茲對他說了類似「嘿，你快來看！老鼠喜歡這個耶！」的意思的話，他該有多驚訝。米爾納後來寫道，奧爾茲的老鼠彷彿是「刻意尋求大腦刺激」，用盡辦法想讓大腦再度感受到微小的電流[5]。奧爾茲更改了實驗的方法，創造出讓老鼠一再增強，甚至感到快樂的大腦狀態。幸好奧爾茲與米爾納同時領悟到，這個幸運的意外造就了重大發現〔電極會剛好放置在正確的位置，也就是大腦的中隔區（septal area），是純屬湊巧〕。

奧爾茲是奧斯汀的第二型運氣的典型例子，體現了所謂的凱特林法則：一個人想提升運氣，就必須增加動作。奧爾茲雖然不太懂得自己要做的事情，卻還是勇往直前，動作頻頻，有了構想就付諸行動，無論結果會是什麼。他缺乏實驗所需的知識，也許反而有利於他做的實驗。他不知道**不能**做什麼，所以什麼都可以試試看。而在實驗室苦幹實幹，發明正確實驗程序的米爾納腦袋清楚，不會因為自己的準備工作滴水不漏，就忽視奧爾茲的發現。第三型運氣〔巴斯德原則（Pasteur principle）：運氣會眷顧做好準備的人〕有時候非但不是一種助益，反而是種阻礙，會讓我們看不見意料之外的事物。他們的實驗結果衍生出大量的研究，研究的主題是人類是如何，又是為何感覺到快樂與酬賞，類似的研究至今仍像滾雪球般不斷增加。

奧爾茲與米爾納繼續研究，老鼠還有哪些大腦區塊受到電流刺激會感到酬賞，哪些受到同樣的電流刺激，則是會感到非常不悅。奧爾茲與米爾納發現的大腦區塊，目前正由研究人員研究，以了解我們的大腦在學習、記憶的時候是如何運作，以及我們為何常常會有一種釀成災難的傾向，會去攝取那些對我們有害，破壞我們的生理機能，以及讓親朋好友疏遠我們的化學物質。也許研究神經的快樂迴路，就能開發出藥物成癮的新療法。

奧爾茲與米爾納所做的，可以說是與許多早期腦功能研究反其道而行。他們不去觀察大腦的運作，而是迫使某個大腦區塊的細胞，傳送一個訊息到其他地方去，再觀察訊息對於老鼠行為的影響。先前的研究發現，大腦中傳遞的信號是電信號，所以用微小的電流模仿要傳送的訊息的作法是合理的。

腦裡的訊息

大腦跟身體其他部位一樣，是由細胞組成。大腦有兩種細胞：神經膠質細胞（glial cells）與**神經元**。神經元應該比神經膠細胞重要，因為具有兩種神奇的功能。神經元就像許多細胞，能接收其他細胞傳達的訊息，也能依照身體其他部位發出的指令，將系統打開或是關掉、製造蛋白質、釋出化學物質，或是做其他該做的事。神經元的神奇之處，在於能自行製造訊息，傳送到身體其他部位。我們是因為有這兩項功能，也就是接收訊息，以及製造並傳送新訊息，才能做那些具有大腦的有機體所能做的神奇的事情。

神經元要製造、傳送訊息，需要多種化學物質不斷進出神經元，化學物質複雜的舞動，會製造出**化學電信號**（chemical-electrical signal）。化學電信號就跟你想像的一樣，是一種化學作用製造出來的電信號。為了解說方便，我們這就敲敲一個神經元的肩膀，暫時打斷神經元的舞動，以便了解過程中的每個步驟。

最初的訊息多半來自我們的五個感覺系統其中之一的某個神經元，訊息內容是要將外面發生的事情告訴大腦。舉個例子，一道光閃過你的眼睛，這道光是一個物理信號，由你的眼睛的機制（視網膜細胞）轉化成化學電信號，送往大腦進行後續處理。視覺系統細胞將訊息以一批化學物質的形式，亦即**神經傳導物質**（neurotransmitters）傳達給神經元。這些神經傳導物質與接收訊息的神經元上的受器互動，命令接收訊息的神經元要麼自己製造一個訊息，要麼暫時停止製造訊息。能傳送的兩個基本訊息是「開啟」與「關閉」，亦即刺激（excitation）與抑制（inhibition）。傳入的訊息若是刺激，那就會在接收訊息的神經元上引發一連串反應，會製造出一個全新的化學電信號，循著路徑傳送給另一組細胞。

將電極放置在傳送訊息的細胞旁邊，甚至放置在細胞裡面，就能追蹤一個神經元傳送的個別訊息，又稱**動作電位**（action potentials）。電極將化學電信號內的電流流動，傳送到示波器（oscilloscope），研究人員就能觀察。示波器顯示出傳送的訊息的圖表。圖表的橫軸是時間（通常以毫秒為單位），縱軸是電壓（以毫伏特為單位）。傳送信號只需幾毫秒的時間，所以研究人員每秒會在示波器上看見成千上萬個反應。研究人員常將這些反應稱為「長釘」，因為示波器螢幕顯示的反應的時間極短，整個紀錄看起來像釘滿了釘子。一個標準的神經元若是以最快的速度「發射」或傳送訊息，每秒大約可製造一千個訊息。一群群的神經元可以合作，也確實會合作，與其他神經元產生相互作用，進而分擔工作量，製造獨特的訊息。

這些訊息圍繞著中樞神經系統飛舞，命令其他細胞發射或是不發射，最終告訴我們的大腦外面發生了什麼事，也告訴我們的身體該怎麼做：我們的大腦是應該按兵不動、煩亂，還是有所改變。每一天的每一秒，都有極為大量的動作電位在你的大腦內飛速穿梭。也許是因為你的周遭環境發生了什麼事情，比方說那裡突然傳出一個奇怪的聲音！也許是大腦的一個區塊與另一個區塊在比對資訊，例如那個聲音是不是正好在那片葉子動的時候出現？螢幕上的長釘也有可能是你的大腦將剛才發生的事，與五分鐘前，或二十年前發生的事互相比較，例如一隻饑腸轆轆的大獅子就在這一帶出沒，最好小心一點！長釘甚至有可能預示接下來的幾分鐘會發生的事。我們在第五章討論的腦電圖，以及我們在這一章會談到的，這些腦電圖的各種版本，說穿了就是幾大群的神經元一起合作，回應這個世界的紀錄。

運氣跟那個神經元有何關連？

說了這麼多，跟運氣有何關連？我們已經知道，幸運與專注有關，而專注的第一步，就是注意到有事發生。我們的五官感覺能針對世界上的能量（光線、聲音、壓力等等）做出反應，並將能量的相關訊息傳送給大腦，讓我們注意到有事發生。第二步是注意這個事件，也就是不要認爲剛才發生的事情不重要而不予理會。我們注意的方式，是將五官感覺聚焦在那個聲音，或是飄動的葉片，或兩者皆有。我們依據記憶中過往的經驗，判斷剛才聽到的聲音是否重要。注意也包括思考機率與其他的可能，找出事件的起因，也許甚至在我們看見一閃而過的棕褐色毛皮，聽見細枝突然折斷的不尋常聲響之前，就預料到事件的起因。

在這種情況，運氣好不好要看你能否預測接下來發生的事。假設你忽視你的五官感覺瘋狂傳送到你的大腦的動作電位。你沒注意到細枝折斷的聲響，也不去搜尋你的記憶庫，回想上次你靠近這個灌木叢所遇見的事情。你沒想到也許有個危險的動物埋伏以待。嘿嘿，你犯了這些錯，就成了牠的午餐。但你若關注周遭環境，善加利用周遭環境的資訊，你對於接下來會發生的事情的判斷，也許就能保住你的性命。你就能避開潛藏在灌木叢裡的獅子，還能活著回到火邊，跟你的朋友們說幸運的你逃過一劫的故事。

ERP 與 ERN

我在上一章介紹過腦電圖，現在還要介紹其他幾種。標準腦電圖顯示的是幾十萬個動作電位，一直不停在大腦快速穿梭。腦電圖包含四種基本的波，亦即 β 波、α 波、θ 波，以及 δ 波。每一種的波頻（每秒波數）與振幅都不同。這四種波會同時出現在腦電圖，必須由電腦作業才能分類，因此你第一次看腦電圖，多半會覺得看不懂。腦電圖呈現給研究人員看的，是整個大腦非常詳盡的活動。但你想知道的如果是大腦的某個區塊如何處理某項具體的資訊，而看到的卻是整個大腦的運作，有時候也是一種困擾。

知名認知神經科學家史蒂芬・拉克（Steven Luck，luck在英文就是運氣的意思，讓我取也取不出更好的名字），於加州大學戴維斯分校（University of California at Davis）運用腦電圖等方法研究大腦活動。他表示，腦電圖「代表幾十種不同的神經活動的混合，因此很難單看」大腦解決某個問題時的活動。拉克主張使用一種特別的腦電圖，亦即**事件關連電位**（event-related potential，ERP），解決標準腦電圖過於粗略的問題。事件關連電位聚焦在大腦對特定一項非常具體的事件的反應。事件關連電位會記錄下大腦對於某一項刺激的反應（這個刺激可以是非常短暫的卡嗒聲、電腦螢幕上的一個字，或是有人碰到你的手）。拉克說，事件關連電位「顯示出直接、即時、以毫秒為單位，且由神經傳導物質介導的神經活動[6]」。

事件關連電位就像腦電圖，也會顯示腦波。其實這些事件關連電位的腦波，就包含在整個大腦的腦電圖所呈現的一堆混亂活動之中。差別在於事件關連電位的腦波，是由一個特定的事件引發。這個事件每次發生，大腦都會有所反應，所以事件關連電位的腦波，是與一段時間內的特定事件有關。我若是一再重複這個事件，例如一再出現卡嗒聲，對卡嗒聲有所反應的神經元，就會一再製造同樣的小小的小波，形成一種精準的規律。腦電圖的其他內容，代表同一時間發生的其他事情，則是會隨機出現，因為引發這些腦電圖腦波的事件，並沒有反覆發生，而是只發生一次，或者是隨機發生，例如外面街上的汽車聲，在窗戶移動的黑影，腦電圖帽壓在你的頭皮上，或是你的鼻子一側突然發癢。

最早出現的事件關連電位的腦波，是由大腦接收五官感覺傳遞的資訊所引發。後來隨之出現的腦波，也就是在事件發生幾百毫秒之後出現的腦波，則是代表大腦在思考一種刺激（一起認知事件），決定要忽視它，或是注意到這一種刺激並不符合另外一種，或是準備要按下按鈕，讓研究人員知道你聽見了那個聲音，看見了那道閃光，或是感覺到了那個碰觸。

要量測事件關連電位的腦波，就要讓研究對象戴上一頂看起來很蠢的帽子，帽子裡的十五至二十個電極緊貼著研究對象的頭皮。接著要讓研究對象屢次接觸到一起「事件」，製作研究對象的腦電圖。電腦再抵銷與這起事件，也就是一個聲音或一道閃光無關的隨機活動，研究人員就能看出大腦針對此一事件所做出的反應。

事件關連電位含有幾種波，是依據方向（P代表正向或「向上」，N代表負向或「向下」）以及潛伏時間命名。所謂潛伏時間，就是這些波會在觸發事件後過多久，才會出現在腦電圖。所以P100的意思是一個正向波，大約在觸發事件的一百毫秒之後出現。N100的意思，則是大約在觸發事件的一百至一百五十毫秒後出現的負向波，以此類推。研究人員運用事件關連電位研究大腦，發現早期出現的腦波（P100與N100，以及P200與N200）代表注意力挑選機制（attentional selection mechanisms，可以想成是你的大腦說「喔，我看到了！」），而晚期出現的腦波（例如P300），則是代表大腦對於觸發事件的組織、解讀，以及分類。

賈梅‧馬丁‧德爾‧坎波‧里奧斯（Jaime Martin del Campo Rios）等人使用事件關連電位，研究一個人自認為不幸運，會如何影響此人的大腦處理資訊的方式[7]。他們請研究對象填寫一份問卷，內容包括「認為自己有多不幸運」，再將研究對象依據問卷調查結果分為兩組。第一組認為自己不幸運，第二組（控制組）則是並不認為自己特別不幸運（或特別幸運）。接下來，所有研究對象都要進行史楚普作業（Stroop test）。在這項作業，研究對象可能會看見紅色字體所寫的「藍色」二字，而且必須唸出字體的實際顏色，而非「藍色」二字。我們都知道該怎麼讀字，而且我們看見字母拼成我們認得的單字，通常傾向將單字讀出來。研究對象要完成這項作業，思考必須稍有不同，必須抑制讀出單字的傾向，改為讀出字體顏色。

研究人員製作了研究對象在進行史楚普作業期間的事件關連電位圖，也記錄了研究對象說錯的次數，以及研究對象面對刺激做出反應所需的時間。一般而言，字體的顏色若與字面的顏色不同，研究對象容易說錯，反應時間也較久。自認為不幸運的那一組，在字體與字面顏色不相符的狀況，反應時間會比控制組更久，說錯次數也較多。他們的事件關連電位圖，也不同於控制組。相較於控制組，他們需要更久才會注意到刺激，而且似乎需要更長的時間，才能決定該如何處理字體與字面顏色不一致的問題。

我們從事件關連電位圖，可以觀察我們的大腦思考周遭環境發生的事件的過程。我們感覺自己幸運或不幸運，會影響大腦處理資訊的方式。無論我們認為自己有多幸運，我們對於事件的解讀或理解，並不見得次次都正確。有時候我們會犯錯，而我們的錯誤，包括誤解事件，或是將事件錯誤歸類，都會顯示在事件關連電位圖。

威廉‧格林（William Gehring）與麥克‧法爾肯斯坦（Michael Falkenstein）各自發現一種特別的事件關連電位圖，叫做**錯誤相關負波**（error-related negativity，ERN）[8]。他們各自進行實驗，記錄自願參加「反應/不反應作業」（Go/No Go task）的研究對象的事件關連電位圖。他們發現，我們犯錯的時候，大腦會發布警報，亦即錯誤相關負波。

你若同意參加使用反應/不反應作業的研究，研究人員會安排你坐在電腦螢幕前面，接著會對你說，你面前的螢幕會出現幾個畫面。舉個例子，如果你看到的畫面是藍色的圈圈，那你必須以最快的速度，按下鍵盤的特定鍵，這就是「反應/不反應作業」的「反應」。但螢幕顯示的若是紅色的圈圈，那你就完全不能有反應，這就是「不反應」的意思。你要負責判斷出現在螢幕上的畫面是「反應」，還是「不反應」。反應/不反應作業經常用於評估一個人是否有能力制止自己做出反應，而且特別適合用於研究錯誤相關負波。要研究出現在你犯錯時的腦電圖腦波，需要使用一個會發生錯誤的作業。研究人員需要你搞砸，我也敢向你保證，你在這個作業一定會犯錯。

格林與法爾肯斯坦都發現，他們在事件關連電位圖，**看得見研究對象犯的錯誤**。研究對象犯錯，對著螢幕上的圖案做出不正確的反應，研究人員就會測得一個大型的負向波。這時研究對象可能心裡在想：「唉呀！不是那個圓圈。」但已經來不及阻止自己的反應。研究錯誤相關負波的學者甚至表示，研究對象犯錯的同時，通常還會說一些媽媽大概告訴過你不要在公共場合說的話。會這樣說話，也代表研究對象剛剛犯了錯。

錯誤相關負波似乎是由大腦的**前扣帶迴皮質**（anterior cingulate cortex，ACC）發出。前扣帶迴皮質負責發現錯誤，並傳達給大腦其他區塊，表示我們的表現出了問題，注意力系統需要調整。前扣帶迴皮質也是掌管情緒反應的腦迴路的一部分。我們通常會避免犯錯，尤其是在公共場合（或是有個穿實驗室白袍的人在觀察我們的時候），所以從錯誤相關負波可以看出我們發現錯誤，以及面對錯誤的情緒反應[9]。很多證據足以證明，前扣帶迴皮質確實具有這種功能。舉個例子，患有強迫症（obsessive-compulsive disorder）之類的焦慮疾患的病患，或是長期擔憂的人，大腦發出的錯誤相關負波通常較大。亦即嚴重焦慮的人，可能在犯錯對情緒的影響上更為敏感。研究學者也認為，錯誤相關負波也可能代表，我們的大腦發現，我們以為接下來會發生的事，與接下來實際發生的事不一致。在這種情況，錯誤相關負波的出現，就代表大腦發現了問題，也認為需要重新評估狀況、重新予以控制。

格林與同僚主張，降低焦慮，錯誤相關負波就會變小[10]。研究結果也顯示確實如此。麥克·英茲利希特（Michael Inzlicht）在多倫多大學實驗室的研究發現，個人宗教信仰的強度，與前扣帶迴皮質在我們犯錯的時候減少活動有關（進而導致錯誤相關負波變小）。英茲利希特與團隊表示，「宗教信仰會抑制前扣帶迴皮質的活動，因為宗教信仰的作用很像抗焦慮劑（anxiolytic），能減輕錯誤與不確定性對情感的影響[11]」。紐約大學的大衛‧阿莫迪奧（David Amodio）也發現，政治立場保守對於焦慮的影響與宗教相似。他的實驗室比較了左翼自由派與右翼保守派的錯誤相關負波的大小，發現相較於保守派，自稱自由派的人在犯錯的時候，觀察到的錯誤相關負波較大[12]。

研究人員發現，自認為幸運的人，或是認為運氣是一種內在特質的人，一般而言也比較不焦慮。根據德爾‧坎波‧里奧斯的研究，自認為不幸運的人的事件關連電位圖，與控制組的事件關連電位圖相比，「晚期出現」的腦波並不相同，尤其是前扣帶迴皮質產生的腦波[13]。我們若是自認為不幸運，對於自己無法控制多變無常的宇宙，可能會感到更為焦慮，而且一旦犯錯，大腦響起的警報聲也會更大。人類通常不喜歡隨機性，也會盡量避免。我們對隨機性有反感。我們遇到隨機性，通常會尋求一種解釋，好讓我們能再度相信這是一個有秩序、可預測的世界。認為運氣是一種個人的內在特質的人，可能相信自己擁有特殊技能，能控制世上的隨機事件，因此比較不焦慮，即使犯錯也不會出現較大的錯誤相關負波。

運氣與鏡像神經元

神經科學專家致力研究細胞遇到浩瀚世界的種種刺激，會有怎樣的反應，同時也研究細胞是如何分享資訊，好讓我們注意到外界訊息。我們現在來看看天下最時尚的神經元，也就是現代神經科學實驗室的新星：**鏡像神經元**。這個獨特的細胞與運氣有何關連？

發現鏡像神經元的經過，又是一個「幸運會眷顧做好準備的人」的例子。1980年代末，義大利帕瑪（Parma）的研究團隊研究獼猴額葉的一條皮質。他們研究的是**前運動皮質**（premotor cortex，「前」是因為位於運動皮質的前部，而運動皮質是大腦主要的輸出線）。前運動皮質的細胞將指令沿著脊髓，傳遞到身體的肌肉。額葉負責規劃該採取的動作，前運動皮質也是規劃迴路的一部分[14]。

前運動皮質有點像是神祕地帶。前運動皮質的細胞會與幾個大腦區塊溝通，包括脊髓，而且前運動皮質也會與運動皮質分擔控制動作的工作量。研究人員發現了證據，能證明前運動皮質的神經元，確實會參與規劃動作，也會指引動作完成目標。也有人認為，前運動皮質的神經元也會影響我們的許多行為，但影響的是哪些行為，又是如何影響，至今仍未有定論。

由賈科莫·里佐拉蒂（Giacomo Rizzolatti）主持的帕瑪研究團隊，想知道獼猴做出握住東西之類的簡單行為時，前運動皮質神經元會有怎樣的活動。我們當然不是獼猴，但獼猴大腦的組織，與我們大腦的組織非常相似。里佐拉蒂的團隊若能研究出獼猴大腦的情形，就能明白人類大腦的情形。他們可以使用一種叫做**單一神經元記錄的方法**（single-unit recording，亦即記錄單一神經元，或是一小群神經元的活動）製作獼猴大腦內個別細胞的紀錄，卻無法製作人類大腦內個別細胞的紀錄。這同樣也是假設，可以從獼猴大腦個別細胞的情況，判斷人類整個大腦的功能。我稍後會再討論這個。

研究人員已經確認，獼猴握住東西的時候，前運動皮質某個部分的細胞會發射，不過畢竟是大腦的「運動」區塊，所以並不足為奇。這項實驗的目的，是要細細研究與抓握有關的反應。在做出捏握動作時（用拇指與食指做出捏的動作，彷彿要摘採一顆藍莓），某些細胞發射得最多。而獼猴用整隻手抓握時（例如拿起一顆柳橙或棒球），其他細胞發射得最多。獼猴僅僅是看著牠**可能會**抓住的物品，有些細胞也會有所反應。實驗使用的物品幾乎都是食物，所以獼猴都會有所反應。喜歡棒球的獼猴不多，喜歡柳橙的是真的多。

里佐拉蒂與同僚想將神經元在獼猴看見一個物體時做出的反應，與神經元在獼猴拿起或是抓住物體時做出的反應分開。在這項實驗中，受過訓練的獼猴按下一個按鈕，就能開啟單向玻璃後方的燈，也就能看見位於單向玻璃後方一個可拿取的物品。獼猴大約有一秒半的時間可以看見這個物品，接下來燈就熄滅，單向玻璃門打開，獼猴可以伸手進去拿取物品，也能得到物品下方的食物。研究人員再把新的物品放進箱子，關上箱門，要求獼猴再做一次。獼猴必須等待箱門開啟，因此獼猴的額葉有時間規劃要用哪一種方式抓住物品，拿過來食用。里佐拉蒂的團隊也有機會觀察，獼猴的前運動皮質神經元，是否會參與規劃過程。

研究結果震驚世人。某些前運動皮質細胞的行為非常怪異。獼猴在規劃如何拿取食物的時候，這些細胞會發射，但獼猴拿取食物、吃完之際，以及獼猴看著**研究人員**操縱食物的時候，這些細胞也會發射。這可真是驚人。這些細胞參與了獼猴規劃如何拿取食物的過程，但在**別人**做出同樣動作的時候，這些細胞竟然也有反應。

里佐拉蒂與同僚撰寫研究結果，也開始著手設計新的實驗，以研究這些細胞。研究結果於1988年首度發表時，並未引起神經科學界多少關注。不過，里佐拉蒂的團隊於1992年，發表以這些不尋常的神經元為主題的另一項研究，並將這些神經元命名為**鏡像神經元**。他們認為，大腦會使用一種機制，將「自己觀察到的他人行為的意義」予以編碼，而鏡像神經元也會參與這個機制。他們也認為，「前運動皮質最基本的功能之一，是受到感覺刺激之後，擷取（憶起）適切的運動行動[15]」。

接下來發生的事，是科學界的謎團之一，一個先前被人忽視的概念，突然引發眾人關注。鏡像神經元突然躍居神經科學的前線，頗為熱門。許多領域的研究學者，都開始討論鏡像神經元。研究人員都還沒開始研究鏡像神經元位於人類大腦何處，就已經有人猜測，人類將鏡像神經元用於何種用途。（要記得，里佐拉蒂發現的是豚尾獼猴大腦裡面的鏡像神經元，不是人類的），神經科學家首先必須證明，人類大腦確實含有鏡像神經元。這可不容易，因為帕瑪的研究團隊使用的方法，是將電極植入大腦，記錄單一神經元的活動，但同樣的方式在「正常」情況下，不可能運用在人類身上。進行單一神經元記錄所需的外科手術技術非常複雜，而且造成永久腦傷的機率太高。

要找出鏡像神經元存在於人類大腦的證據，起初的作法是研究幾大群神經元的活動。研究人員使用**功能性磁振造影**（functional magnetic resonance image，fMRI），可觀察大腦的運作。磁鐵會導致流向大腦的血液中的氫原子旋轉，電腦再依據旋轉，製作出色彩標記的圖。大腦某個區塊的血液供應量較多，代表這個區塊的工作量很大，這個區塊會以鮮紅色標記。這些研究證實了我們人類確實有鏡像神經元，而且也跟獼猴大腦的鏡像神經元一樣會有所反應，但憑藉功能性磁振造影，無法準確掌握一小群神經元的活動，更無從得知少數幾個神經元的活動。這有點像拿著放大鏡，想觀察一滴池塘水所含有的微生物。是，看得是比較清楚，但想看清楚一小滴水裡面的眾多小小生物，你與一小滴水的距離要很近很近才行。研究獼猴的結果是否能直接套用在人類，當時還未有定論。

帶來定論的研究，終於在2010年發表。一群罹患嚴重癲癇，藥物治療無效的病患，大腦植入了記錄用的電極，以便醫師了解癲癇發作是由哪個神經組織引起，找出之後就能移除這些組織，以減少發作次數。病患是自願在大腦裝設電極，讓神經科學家團隊記錄個別細胞的活動。這是很難得也很獨特的機會，從正在運作的人類大腦取得單一神經元的紀錄。神經科學家給病患看人類臉部表情的圖片，包括微笑與皺眉，還有三秒長的影片，內容是雙手抓住物品。他們再請病患做同樣的動作，而病患大腦內的電極在此同時一直在記錄[16]。

他們觀察的一千多個細胞當中，有些行為類似獼猴研究中，鏡像神經元的行為。這一小群細胞在病患微笑，以及病患看見他人微笑時，都會發射，與里佐拉蒂研究的鏡像神經元的反應相同。研究團隊觀察的神經元，分布在大腦的許多區域（研究人員只能在醫師想研究的大腦區塊，裝設記錄用的電極）。但**沒有一個**是位在里佐拉蒂團隊研究的獼猴大腦區塊，其與人類大腦相對應的位置。研究團隊發表了研究結果，證實鏡像神經元存在於人類的皮質，就此引爆了大量揣測。各式各樣的人類行為，包括語言、讀唇識意、辨識周遭的人的臉部表情所蘊含的情緒、性傾向、吸煙、肥胖、愛，甚至男性勃起的程度等等，都有人認為是鏡像神經元所引起[17]。

這些神經元的功能，至今仍是熱議的焦點。關於人類大腦鏡像神經元的功能，最普遍的理論，也是很長一段時間的主流理論，是鏡像神經元有助於我們了解其他人行為的意義。以下是里佐拉蒂說過的一段話，可以把文中「獼猴」二字換成「人類」，因為這裡的假設是獼猴大腦內鏡像神經元的功能與人類的相同：

> 想想一個獼猴群體之中頻繁的社會互動，一隻獼猴對於其他獼猴行為的理解，想必是這隻獼猴選擇自己行動的非常重要的依據……依據其他個體的行為，迅速選擇合宜的動作，這對於行為影響甚鉅，大概也有利於這種類型的編碼，亦即能迅速辨識刺激的編碼[18]。

里佐拉蒂以及認同他的觀點的人的主張，其實就是我們會使用鏡像神經元（幾乎是名符其實）預測未來，亦即研究「那人在做什麼？」以及「我該如何反應？」之類的問題。我們必須迅速且正確解讀行為者與行動，自己才不會淪為晚餐的主菜，也不會成為爭奪資源的輸家。雖說我們被獅子、老虎、熊獵食的風險已經大降，但解讀、預測其他人類行為的需求依然存在。

學者近年來提出鏡像神經元的一、兩種新功能。這些新的理論主張，鏡像神經元並不能直接幫我們理解其他人的行為，而是有助於我們預測其他人**接下來**會怎麼做，或是預測其他人**行為的目的**，進而協助我們理解其他人的行為。我們預測的方式，是觀察自己的動作，學會指引、控制自己的身體。我們理解了自己行為的方式與原因之後，再將所知套用在其他人的行為。

　　鏡像神經元對於我們自己的行為，以及其他人做出的相同行為都有反應，所以我們能以很快的速度，預測接下來發生的事。想像一下，你跟你的孩子們玩接球。你的視覺系統看著球在你與小珍妮之間飛來飛去。你的運動系統接到視覺系統傳來的訊息，再依據這項資訊，告訴你身體的肌肉該怎麼做才能接到球。你必須在球飛到你面前之前分析完畢，發出下一個動作的指令，不然球就會砸到你臉上。你必須迅速預測球會飛到哪裡，將你的雙臂與雙手調整到適當的位置。不過等到動作的指令出現，視覺資訊已經是舊聞了。神經元發射的速度雖然極快，但運動系統其實是依據球在幾毫秒之**前**的位置，做出要傳達給肌肉的指令。

　　我們計劃好要如何移動，再執行計畫，在此過程中，若是僅僅依靠視覺系統傳來的視覺資訊，那我們永遠不可能發明會有東西朝著我們丟過來的遊戲。但我們若懂得預測其他人的動作的意義，也預測我們又該做出哪些動作，以反制或是補充其他人的動作，就能抓住在空中飛的球，扔回給在等待的孩子。孩子的鏡像神經元，也在學著做同樣的事情。

　　我們簡直像在學著預測未來，雖然只是預測接下來幾秒，但就算只有幾秒，也還是未來。研究鏡像神經元的神經科學家說，我們預測接下來會發生的事，就叫做**預測編碼**（predictive coding）。這些神經科學家表示「大腦會研究特定的運動計畫，與身體的反應之間的關係。久而久之，就有可能事先預測結果[19]」。我們的感官蒐集到的資訊，雖然比行為落後了幾毫秒，但還是有助於我們察覺並補償我們的動作當中的錯誤。我們發出要肌肉有所動作的指令，或是觀察別人的行為，鏡像神經元都會發射，我們就能進行學者所謂的**行為辨識學習**（action recognition learning）。鏡像神經元即是藉此協助我們預測未來，理解其他人的行為[20]。

那鏡像神經元對運氣的影響又是什麼？我先前說過，一個人若是處在幸運的狀態，也感覺自己幸運，可能代表注意力系統的運作非常理想。運氣很好的人，關注生活周遭的刺激的方式，也許與那些不幸運的人不同。也許幸運是習得的，就像我們學會聽以及講一種外語，看懂物品的幾何形狀，或是學會閱讀、演奏樂器、按照指法打字等等。我們要是能教大腦如何預測接下來會發生的事，而且要預測得迅速、準確，我們就能更常擁有預測準確的好處。如果我們對於接下來該怎麼做，判斷正確的次數多於錯誤，也許我們對於自己的能力與運氣會更有信心。

有沒有證據能證明，注意會影響鏡像神經元的反應？英國卡地夫大學的蘇雷什‧穆圖庫馬拉斯瓦米（Suresh Muthukumaras-wamy）以及克里希‧辛格（Krish Singh）認為有。他們使用腦磁波儀（magnetoencephalography，磁振造影與腦電圖的綜合體），記錄大腦在幾種不同情況的活動[21]。首先，他們以自願者被動看影片的大腦活動量，亦即大腦執行不太需要注意力的任務的活動量作為基準。他們再將基準活動量，與大腦執行兩項需要注意力的任務的活動量比較。第一項任務是參與者必須模仿他們看見的動作。第二項任務是參與者接連看見三個數字，而且必須將這三個數字加總。（可想而知參與者表示，數學任務最需要注意力。）

　　準確度在這裡很重要，研究的參與者也明白這一點。在大腦需要發揮注意力的時候，鏡像神經元的活動量會增加。而這兩項任務都需要大量的注意力。兩位學者認為，鏡像神經元系統具有「注意閘門」，意思是說會因為需要發揮注意力而啟動[22]。練習集中注意力，進而練就特別擅長注意周遭環境的能力，也會同時提升我們的運氣（更容易察覺事物之間的關連），啟動我們的鏡像神經元系統，我們就能預測別人接下來的行動。預測編碼除了擬定計畫以外，也要評估計畫是否有錯誤，必要時也要想出新計畫，以匡正舊計畫的錯誤。

運氣與外側頂內葉皮質

　　偵測錯誤與改正錯誤，都屬於心理學家所謂的**由上而下的處理**。我們運用記憶、信仰和預期，以理解現在發生，以及接下來會發生的事，就是在進行由上而下的處理。假設我們還在跟小珍妮玩球，不小心把球丟得太高，球從她頭頂上空高高飛過去，那我們就能使用由上而下的處理，下一次以更理想的方式丟球。我們學會預測未來，至少會預測我們行為的後果。我們受到環境中的事物吸引，就會發揮注意力（**由下而上的處理**）。我們亦可使用由上而下的處理，將注意力集中在某個地點。預測編碼就是一種由上而下的處理。

　　研究人員也發現，另一組細胞也屬於這個由上而下的注意力迴路的一部分。這些細胞位於大腦的外側頂內葉皮質（lateral intraparietal cortex，LIP）。我們從世界獲取的視覺資訊，首先是由大腦最後方的枕葉處理，再「往前傳送」到其他地方進行更多處理。外側頂內葉皮質是大腦較為前端的區塊之一，那裡的細胞接收我們眼睛看見的視覺資訊。外側頂內葉皮質細胞也會接收來自前額葉皮質的資訊（前額葉皮質是大腦負責計畫的區塊），以及來自額葉的額葉眼動區（frontal eye field）的資訊。額葉眼動區負責控制轉動眼睛的肌肉。外側頂內葉皮質細胞整合這項資訊，指引我們凝視環境中可能有益的刺激。如何才能讓一個刺激「有益」？最簡單的辦法，是增加注意到刺激能擁有的酬賞。研究人員可以教導猴子，只要看著左方，等一下就會看見一項刺激。刺激出現時，猴子若是看向正確的地方，就能得到酬賞（一片好吃的蘋果）。

　　有些實驗以非人類動物為研究對象，探討大腦如何決定將注意力集中在特定的目標。研究人員發現，外側頂內葉皮質細胞會整合感覺與酬賞資訊。因此研究人員研判，這些細胞會參與由上而下以及由下而上的資訊處理。外側頂內葉皮質細胞會命令我們的眼睛，看向我們在尋找的刺激可能會出現的地方，至少會看向我們認為刺激會出現的地方。這些細胞在幫助我們預測未來，將感覺資訊以及凝視著特定方向所能帶來的好處的資訊結合[23]。近年研究顯示，鏡像神經元位於頂葉之中，那是包含幾種感覺系統（視覺、聽覺、觸覺）接收的資訊混合的區塊，以及大腦掌管眼動與注意力的區塊。也許這些鏡像神經元有助於我們理解其他人的行為與目標，讓我們得以凝聚成團結的社會團體。

我們從經驗學習，運用這些經驗預測接下來會發生的事，也理解其他人類的行為，這些能力也許是人類能生存的原因。我們絕對不是地球上速度最快的動物，也不是體型最大、最強壯的動物。我們沒有最長的爪，沒有最佳的夜間視力，甚至沒有最銳利的牙齒。但我們人類還是能生存，即使不是地球上最優勢的靈長類，至少也是最有可能造成地球物種滅絕的動物。許多研究人類大腦的人，都思考過人類在動物界的地位。與地球上其他動物相比，我們是否獨特？有本質上的不同？還是我們跟黑猩猩、猴子、松鼠、蜜蜂其實沒什麼兩樣，只是運氣好，擁有「更多」思考這個世界所需的大腦軟硬體？達爾文（Charles Darwin）主張，人類與其他動物之間會有任何差異，都是因為我們擁有更多認知能力。我們擁有的認知能力，並不是與其他動物截然不同的另一種。認知能力的差異在於程度，而非種類[24]。但近來也有幾位科學家主張，我們思考以及使用大腦的方式，與世上其他動物有著本質上的不同。

舉個例子，馬克・豪瑟（Marc Hauser）主張，我們與地球上其他動物的不同之處，在於我們注意周遭環境的方式，而且我們神奇的大腦有能力處理我們專注的時候，不斷流入的資訊[25]。他說，他所謂的**人類獨特性**（humaniqueness）來自四種認知能力。第一種是**生成計算**（generative computation），亦即有能力將思想、文字、圖像、行動等等以新奇且不尋常的方式，形成變化多端的組合。第二種是他所謂的人類的**混雜組合**（promiscuous combination）能力，亦即將差異甚大的思想組合在一起的能力。第三種是我們使用**心理象徵**代表我們的思想與觀念。第四種是我們**抽象思考**的能力。豪瑟主張，世界上除了人類以外，沒有一種動物能切斷大腦與自己能感覺到的切身環境之間的關連，升至抽象未知的未來，想像其他行星有生物、今生之後的來世，以及我們存在的意義。他說，動物可以從經驗學習，依據自己的記憶規劃下一步。我認為只有人類會認為，浩瀚的宇宙有一種力量，「與人類站在同一陣線」，讓事件朝向只對某一個人有利的方向發展。

奧爾茲與米爾納研究老鼠大腦，想找出老鼠懂得學習的證據。我覺得當時的他們一定沒想到，老鼠也會好奇，也會回想。奧爾茲與米爾納在想像力的牽引之下，探索老鼠的大腦、解讀電信號、預測如果老鼠會學習，那他們能觀察到什麼，並探究另一種動物令人費解的大腦。而這一連串的舉動，都是我們為了了解自己，所踏出的第一步。

如何做個幸運的人

有一種至高的能力

是即使在等待幸運降臨的日子

也照樣能駕馭幸運

巴爾塔沙・葛拉西安（BALTASAR GRACIAN）

能欣賞音樂的馬

我在這本書介紹了幾位極為幸運的人。這些人似乎是隨身攜帶幸運。從他們的故事中，也就是全球各地的划船愛好者、賭客、登山客以及研究學者，可以看見我們對於運氣的理解。在這一章，我要再介紹兩種能吸引運氣，也許還能留住運氣的認知工具。這兩個工具分別是**預期**（我們相信、希望或預測一件事情往後會發生），以及**注意**（我們將意識聚焦在世界的某一個層面，以及我們處理蒐集來的資訊的方式）。我們先從預期開始討論，也探討預期是如何影響我們對於運氣的看法。有個故事可以闡述這個概念。

達爾文於1859年發表《物種起源》（*On the Origin of Species*），提出他的著名理論，就此改變了人類在自然界正常秩序的地位[1]。在達爾文發表理論之前，關於自然界的本質的討論，共有兩種學派。一種叫做本質主義（essentialism），主張每個物種的本質特徵，並不會隨著時間而改變。生物界的每一個物種都是獨立的，自然界無論在過去、現在，還是未來，始終如一。第二種理論是自然主義（naturalism），主張如今世上的物種已有所不同，而且有證據可證明，物種的形體與功能長期以來有所變異。舉個例子，在遠早於達爾文的時代，農民就知道可以藉由刻意育種，為自己飼養的動物，培育出具有某種外型與習性的後代。科學家發現，從地球生物的化石紀錄可找到不少證據，證明某些動物曾經生活在地球上，但現已絕跡。有些物種已經絕種，正是代表自然界並非恆久不變，而是可以改變，也確實曾經改變。從這個角度看，自然界是極其易變的。

達爾文以資料證明，物種確實會隨著時間改變，而且現存於世上的物種，可能有著相同的遠祖，這一來徹底顛覆了我們的世界觀。他也表示，這個理論不僅適用於人類，也適用於所有其他生物，此話一出更是震驚全球。如果正如達爾文所言，所有有生命的有機體的起源與生理機制，可能與我們人類相同，那也許其他動物的大腦就跟人類大腦一樣，也能思考、解決問題、溝通等等。達爾文發表研究之後不久，科學家開始在實驗室研究動物大腦，動物智能（animal intelligence）也成為熱議話題。

1900年，德國的一位退休小學數學老師威廉・馮・奧斯坦（Wilhelm von Osten）決定自行研究動物認知，就此加入了動物智能研究的熱潮。他心愛的拉馬車的馬，也就是一隻叫做漢斯的種馬，是他最得意，也是最有名的學生。馮‧奧斯坦首先教漢斯數數[2]。他跟漢斯「說」，只要看到他拿出一個有點像保齡球瓶的大瓶，漢斯就要抬起右蹄一次。「說」這個字之所以特別加上引號，是因為馮‧奧斯坦顯然不能直接對漢斯說話，還指望漢斯會回答。他必須先教漢斯數字。他教的方法，是讓漢斯看見瓶子，再大聲說清楚：「舉起馬蹄，一。」他拿麵包與紅蘿蔔當作獎勵，結果奏效，漢斯圓滿達成任務。馮‧奧斯坦起初必須協助漢斯，抓著漢斯的馬蹄抬起來，再放下去。漢斯後來學會自己把蹄抬起來，放下去，看見一個瓶子，馬蹄就會「叩」一聲。

馮‧奧斯坦再把任務調整得複雜一點。他加入第二個瓶子，將口令改為「抬起馬蹄，二」。漢斯若是順利完成，可以得到更多麵包與紅蘿蔔。馮‧奧斯坦後來逐漸以代表數量的符號（也就是我們都熟悉的數字，例如八、四等等），取代實體的瓶子。圖七之一是漢斯對數字做出的反應。訓練漢斯的人站在漢斯的左後腿旁，身影在照片上幾乎看不見。

馮‧奧斯坦用這種方法，讓漢斯學會數數以及加減乘除。他教漢斯的還不只這些。他教漢斯認識字母（字母是另一組極為有意義的符號，至少對人類而言是如此），也表示漢斯能拼出單字回答問題。漢斯能表達一匹馬的想法呢！漢斯知道用蹄敲一下代表字母「A」，敲兩下代表「B」，以此類推。漢斯用這種方法，拼出正確的色彩的英文字（馬不太擅長區分顏色，因為視網膜缺乏一種受器細胞，所以看不見紅色，不過馬還是看得見藍色、綠色以及其他基本色彩），甚至還能分辨出個別音符，以及三度、五度這些音

圖七之一 「聰明漢斯」學習將兩個數字相加的照片

資料來源：**Karl Krall, Denkende Tiere (Thinking Animals), S. 362. 摘自 Wikimedia Commons, https://commons.wikimedia.org/w/index.php?curid=9007400**。

程。漢斯的音樂品味顯然比較傳統。牠不喜歡當時現代音樂的七度，比較喜歡以單D小調（D、F，以及A）呈現D小調七和弦（D、F、A、七度，以及C）。

　　馮・奧斯坦用了四年，讓漢斯學會表達自己的思想，再帶著他的神奇馬兒四處表演，讓德國各地的城鎮廣場觀眾大爲驚奇。「聰明漢斯」就此打響名號，也吸引不少科學家關注。當時幾位知名的思想家，一開始有所懷疑，後來觀賞漢斯表演，發現一旁的馮・奧斯坦並沒有明確提示，這才相信漢斯的聰明才智。即使提問的人不是馮‧奧斯坦，漢斯照樣能對答如流。於是這些思想家認為，這怎麼可能會是套招？

聰明漢斯究竟是真聰明，還是精心設計的騙局？有個委員會是專門為了研究這個問題而設置。當時的知名哲學家卡爾‧斯圖姆夫（Carl Stumpf）邀集一群頗受景仰的仕紳、科學家、老師，以及軍方人士組成委員會，研究漢斯是否真的能跟人類一樣思考。「漢斯委員會」（Hans Commission）表示，他們認為社會大眾並未受騙，但還是需要深入研究。他們並不清楚漢斯有無收到暗號。斯圖姆夫的實驗室的一位研究生奧斯卡‧芬格斯特（Oskar Pfungst）接連進行測試，研究漢斯是否接收過眾人沒發現的暗號。

馬的眼睛是位於頭部的兩側，所以很難完全脫離馬的視線範圍。訓練師即使站在漢斯的尾部旁，漢斯還是看得見。這跟我們的視覺非常不同。我們的眼睛是往前看，看著在我們前方的東西。想看見站在我們背後的人，就必須轉身才看得見。漢斯不必轉頭，照樣能看見站在牠左側的訓練師，雖然看得不是很清楚，但仍然看得見。

芬格斯特明白，要判斷漢斯究竟是不是靠自己答對問題，而不是純粹回應別人給出的暗號，他必須將漢斯與其他相關的人隔離。他在幾種不同的情境測試漢斯：幾位提問者站在布簾後方、由其他人向漢斯提問，而不是漢斯熟悉的馮‧奧斯坦、漢斯戴著眼罩，看不見提問者、向漢斯提出在場的人不知道答案的問題。

你可能已經猜到，芬格斯特發現漢斯只要看不見提問者，答題表現就變成碰運氣。漢斯知道敲敲馬蹄就能得到麵包與紅蘿蔔，所以聽見問題就會繼續敲。但漢斯若是看不見提問者，就會隨便亂敲。在場的提問者若是事先不知道問題的答案，那漢斯也不知道答案。漢斯很聰明。牠學會接收某種暗號，以換取酬賞，但牠其實並不會解開方程式，對曲式也沒有偏好。馮‧奧斯坦氣炸了，強調他並沒有給漢斯打暗號。很多親眼見識過漢斯的表現的人，也都聲援馮‧奧斯坦。芬格斯特與斯圖姆夫也被難住了。漢斯收到的暗號無論是什麼，都並不明顯。

為了理解漢斯究竟是如何收到暗號，芬格斯特仔細觀察馮‧奧斯坦問漢斯問題時的表現。他觀察到的現象，就是現在心理學所謂的「漢斯效應」（Hans effect）。他發現，漢斯敲馬蹄的次數快要達到正確次數的時候，訓練師的頭部會有一些非常微小，幾乎難以察覺的移動，身體肌肉有些緊繃，幾次短暫看向某個目標，一下子眉毛抬起，一下子眼睛睜大。這些動作微小到訓練師自己都察覺不到。訓練師既然不知道自己給出暗示，當然也就無法制止自己。

芬格斯特再進一步，自己學著問漢斯問題。他知道自己不該提示漢斯，但漢斯敲馬蹄的次數只要接近正確答案，他就不由自主做出同樣的微小動作。芬格斯特自己對答案的預期，也會一再影響自己的行為，他也無力阻止這種影響。在場的人給予漢斯的暗示，是不知不覺、不由自主的。正好漢斯也夠聰明，能看懂這些暗示。如果你曾參與心理學實驗，也曾納悶研究人員為何不在場，那就是因為漢斯效應。研究人員是不希望自己的預期影響到你的行為，所以才刻意迴避。

預期的力量

　　心理學將學習定義爲經驗所造成的相對永久的行爲改變。舉個例子，你懂得將事件甲與結果乙連結，你所懂得的就是預期。漢斯就是以這種方式學習。牠敲敲馬蹄，就能得到牠很喜歡的食物。我若是將食物拿走，習得行爲就又會改變。你與漢斯就會發現新的預期，行爲與食物再也不相關。心理學家認爲，去除增強行爲的因素（食物），就會消滅行爲（敲馬蹄）。比較簡單的說法，是每個人的行爲，都會因爲從經驗發展出的預期而改變。並不是只有人類才會預期某一種答案。馬一定也會預期，自己只要做出這種奇怪的動作，就會得到最愛吃的食物。

　　科學家也知道，我們對於以後會發生的事情的預期，有可能影響我們自己以及他人的行爲，而且也確實經常影響。舉個例子，我們看看心理學最古老的問題之一：先天還是後天。我們之所以會有某種能力或行爲，是因爲先天（我們的生理機制），還是因爲環境（學習）？爲了研究這個問題，羅伯特・崔恩（Robert Tryon）以食物作爲酬賞，訓練一群老鼠走迷宮[3]。他將走迷宮時犯錯最少的老鼠互相配種，繁衍出「通曉迷宮」的新一代老鼠。他也將犯錯最多的老鼠互相配種，製造出「不懂迷宮」的老鼠。崔恩表示，歷經幾代的選擇性育種，先天（遺傳學）對於老鼠行爲的影響最大。通曉迷宮的老鼠，在走迷宮的過程中所犯的錯誤，遠少於不懂迷宮的老鼠，因爲遺傳學改變了牠們的大腦，以及牠們的思考能力。

　　然而哈佛大學的一位研究人員卻發現，崔恩的實驗設計有誤，而且他認為造就實驗結果的並非育種或遺傳學，而是實驗設計的錯誤。問題在於安排老鼠走迷宮的人，知道哪些老鼠「通曉迷宮」，哪些「不懂迷宮」。在漢斯效應的影響之下，研究人員的預期，也許在無意間影響了他們對於資料的解讀，因此會覺得通曉迷宮的老鼠，表現比不懂迷宮的老鼠更好。畢竟能決定「錯誤」是什麼、判斷一隻老鼠犯了多少錯誤的，還是人類。

羅伯特·羅森塔爾（Robert Rosenthal）與克米特·福德（Kermit Fode）探討研究人員的預期，是否是導致老鼠行為差異的原因[4]。他們進行一項非常簡單的實驗，安排一群學生讓老鼠走迷宮。研究人員對一組學生說，這些老鼠「通曉迷宮」，而且是類似崔恩所設計的選擇性育種的產物。研究人員也對學生說，這些老鼠會順利走出迷宮，而且很快就能摸清迷宮的路線。與此同時，研究人員告訴另一組學生，這些老鼠是刻意被培育成「不懂迷宮」，而且很難摸清迷宮的路線。但其實這些老鼠根本沒有經過選擇性育種，只是普通的老鼠，隨機分配給兩組學生。然而學生接連幾天密集測試老鼠的結果，卻與崔恩發表的研究結果非常相似。所謂的「通曉迷宮」的老鼠，表現遠勝於「不懂迷宮」的老鼠，所犯的錯誤也少得多。

所以究竟是怎麼回事？羅森塔爾與福德表示，這是一種自我實現的預言。預期老鼠能順利走出迷宮的學生，在判斷老鼠是否走入死巷（犯錯）時，比較願意從寬認定。而給不懂迷宮的老鼠打分數的學生，也許看見老鼠在死巷附近猶豫了一下，就認定老鼠犯錯。有時候你看見的，就是你所預期的。

學會幸運

　　預期會影響我們每一天的行為，也會在無意間影響我們身邊的人的行為。我們很難爬梳預期的影響，因為我們常常根本沒意識到自己的預期。這樣說來，是不是我只要預期自己在某個情況會幸運，我就會幸運？幸運能不能教？英格蘭赫特福德大學心理學教授理查‧懷斯曼認為，這幾個問題的答案都是「是」[5]。懷斯曼研究運氣，他尤其好奇，為何某些人相信自己是幸運的，有些人卻堅信自己毫無運氣？這兩種人有何不同？是遺傳嗎？還是世界觀？還是他們所處的環境？

　　懷斯曼提出四項幸運原則。原來預期自己會成功跟學會專注，都能讓自己更幸運。他的「幸運學校」致力於傳授這些原則，教導學員改變自己的運氣。他輔導過一些神奇的成功案例，將不幸之人變為幸運。懷斯曼說，下列是幸運之人普遍會有的思考方式：

一、幸運之人會在人生中創造偶然的機會，也會察覺（留意）機會、把握機會。比起不幸的人，幸運之人更會注意到這些偶然出現的事件。

二、幸運之人會信任，也會依從自己的直覺。他們「跟著感覺走」，運用既有的知識，循著直覺預測未來會發生的事，也會聽從直覺的預期。

三、幸運之人相信自己會成功，會達成目標，而且他們對於未來的預期，也能助長他們的好運。

四、幸運之人在不幸的時候，也就是遇到不好的事情的時候，會從自己犯的錯誤學到教訓，也會依據這個經驗，調整對於未來的預期。他們也有能力依據調整過的預期，在下一次將厄運化爲好運。

在我們理解周遭事物的過程中，預期與注意力是密不可分的，所以研究人員有時候認爲這兩者是同樣的東西。我們接下來要看看注意力與預期是如何密不可分，我也會介紹神經科學家的研究結果，說明大腦如何運用注意力與預期這兩個系統提供的資訊，以指揮我們的行爲。

由下而上與由上而下

懷斯曼一開始就指出一個簡單的事實：偶然的事件一天到晚都在發生。他發現，幸運的人對於偶然事件的反應，與不幸的人有所不同。幸運之人會尋找偶然，會留意偶然發生的事件，也會把握偶然出現的機會。不幸的人往往會忽視偶然的事件，也許會考慮要把握機會，但終究還是放棄。懷斯曼發現，追求偶然的機會，會變得幸運。如果你不願意踏出舒適圈，不嘗試新的事物、新的風險，就等於減少自己受到幸運眷顧的機會。還記得第一章介紹的奧斯汀的第二型運氣嗎？以實際行動把握偶然的機會，新的構想就更有可能以新的方式結合，進而創造出也許更好的，甚至更幸運的新的結果。想注意到偶然出現在周遭環境的機會，有一部分的重點在於我們如何注意，以及如何解讀周遭發生的所有事情。

　　注意力是不少心理學研究的主題，因為注意力是我們決定下一步要怎麼做的關鍵。心理學將注意分為兩個系統：注意力偏誤（attentional bias，AB）以及注意力控制（attentional control，AC）[6]。注意力偏誤的運作是由下而上。如果你是一位科學家，那所謂的由下而上的處理，就是我們看見、聽見、嚐到、聞到，或是感覺到世界上的某個東西，並將這項資訊「往上」送至皮質進行解讀。由下而上的處理是所謂的「由刺激帶動」。在整個過程的一開始，我們的感覺系統對於世上的某個事件做出反應。這個事件導致我們的注意力處理出現偏誤，吸引了我們的注意力。注意力偏誤系統的作用，是察覺到有事發生，並保留存在於刺激之中的重要資訊。

　　注意力控制則是一種由上而下的處理。感覺系統將蒐集到的資訊送至皮質之後，大腦就必須做出決策，並將合宜的指令送往身體其他部分，以便執行決策。注意力控制系統的作用，是準備好要傳達給身體的指令，並傳達指令以達成目標。我們的預期會深深影響我們判斷該如何處理這個事件。這兩種系統一直都在運作，而且兩種系統大概有萬千種使用方式。我們這就仔細看看由下而上與由上而下的系統。

由下而上的處理

我們在任何時刻，都無法注意到每一個遇到的事物。你讀著這本書，眼睛看見書頁上的每一個字，但你其實也注意到重要性遠不及文字的資訊，例如書的邊緣的顏色，你在翻書的手，你坐著把書放在腿上看，你所穿的衣服的顏色，書的下方的書桌的顏色，或是你吃餅乾而在書頁留下的巧克力汙漬。其他的感覺系統忙著注意其他的刺激，例如附近割草機的聲音、上方高空的飛機、你身下的椅子的皮革觸感，以及你一邊看書一邊喝茶，不時感受到茶的味道與香氣。這些我們當然不需要全都注意。把注意力留給最重要的事情，是一種神奇的能力。注意力本身的定義，就是從我們周遭大量吵雜的刺激當中，選擇重要資訊的過程。

在由下而上的處理中，我們的注意力通常會受到環境中光亮，或是正在移動的東西吸引。學者將這種能吸引注意力的東西，稱為外部世界的**突顯特徵**。由下而上的處理是自動發生的，而且之所以發生，是因為我們很容易注意到正在移動或是光亮的刺激，這種刺激會「跳出來」[7]。大腦運用這些流入的資訊，製作**顯著圖**（saliency map），呈現出我們的周遭環境，並凸顯最重要的東西。我們的注意力集中在顯著圖中引發最多神經活動的區塊，因為這個區塊所代表的東西，大概是最重要的。學者猜測，我們的老朋友前額葉皮質的一個區塊，亦即額葉眼動區（frontal eye field，FEF），是大腦製作顯著圖的地方之一[8]。額葉眼動區的細胞負責製作命令眼睛看向某一處的指令，所以標出最重要的東西的顯著圖，很有可能也是出自額葉眼動區。

　　另一個可能會製作顯著圖的大腦區塊，是外側頂內葉皮質（見第六章）。外側頂內葉皮質的細胞，與額葉眼動區的細胞會互相交流，研究也顯示特異刺激法（Oddball task）能啟動這個迴路。在特異刺激法作業中，正如《芝麻街》的畢特與恩尼所言，這件事「和其他事不一樣」。研究對象必須找出一個有別於其他刺激的刺激。研究人員發現，即使研究對象應研究人員的要求，專注看著陳列的物品當中不會變動的部分，而特異物品則是位於這一堆物品的邊緣，亦即研究對象並未定睛看著的地方，研究對象的外側頂內葉皮質的細胞與額葉眼動區的細胞，仍然會對特異刺激有所反應。顯然這些細胞並不是回應由上而下的命令，而是回應由下而上的資料。位於視野邊緣的特異刺激，是吸引到研究對象注意的光亮物體[9]。

　　我們看著世界之際，由下而上的系統會將世界所含有的可能性的資訊，往上傳送給皮質的中央處理單元，以提供關於我們周遭物體的資訊，包括數量、大小、顏色、氣味、質地，以及聲音。如果你在尋找好吃的零食，你的眼睛會告訴你，你面前的冷卻架上有餅乾。你的鼻子會告訴你，餅乾中有巧克力與糖。你的手指皮膚會告訴你，餅乾熱熱的、軟軟的。你的耳朵會告訴你，計時器才剛啟動，等到計時器停止，餅乾就已經冷卻，可以開動了。現在你的皮質必須製作指令，叫你拿取餅乾，放到嘴裡，達成消除當下飢餓的目標。產生一系列指令的過程是由上而下，由預期發動的處理。過程牽涉到你對於餅乾，以及吃餅乾的所知，而且也必須將飢餓的你鎖定的目標，也就是餅乾帶來的新的感官感覺，與你先前的所知整合。

由上而下的處理

由下而上的處理，是從一個東西吸引我們的感覺系統開始。而由上而下的注意，則是從一個目標開始。勝木（Katsuki）與康士坦丁尼迪斯（Constantinidis）研究大腦的注意力系統，表示「由上而下的……注意力是一種自主控制的過程。大腦選擇與目前的……目標相關的地點、特徵或物體……予以注意或檢視[10]。」我們將注意力集中在周遭環境的某一處，我們的由上而下的系統會讓接收這一處的資訊的細胞更為活躍。在此同時，系統會抑制神經對於不重要的刺激的反應。

前額葉皮質、額葉眼動區，以及其他許多皮質區塊，都會產生由上而下的指令，指揮我們的行為。產生由上而下，目標導向的指令並指揮我們的行為的大腦區塊，正好就是接收由下而上的系統所傳達的資訊的大腦區塊。舉個例子，額葉眼動區的神經元，據說是預測酬賞會出現的地點的系統的一部分[11]。這些神經元將酬賞出現在該地點的期待予以編碼。凝視的方向若是有誤，這些神經元也會有所反應，所以這些神經元，顯然也是監控我們的行為的成功（或失敗）的神經迴路的一部分。也許比起運氣比較不好的人，幸運之人是以不同的方式運用這個系統，或者是運用得更好，也因此提高了得到酬賞的機率。

由下而上與由上而下的注意力系統的區別，並沒有嚴格的定義。也許最好將這兩個系統視為「緊密交織……無論資訊的來源為何……注意力會分配給當下引發最多活動的物體或地點[12]」。我們使用由下而上與由上而下的處理的差異，也造就了每個人的獨特之處。我們擬定行動計畫的方式有個特徵，就是在計畫過程中，懂得運用我們已知的資訊。有時候我們知道，我們有一個以前曾經使用過的資料庫，現在也能再用於解決問題，或是決定該如何行動。在其他的時候，我們則依靠直覺，也就是我們甚至沒有意識到自己擁有的知識，以擬定一個計畫。懷斯曼發現，幸運之人會留意自己的直覺，敢於跟著直覺走。

跟著直覺走（也許應該說跟著額葉走？）

所謂直覺，就是有能力在幾乎接連湧入我們的大腦的感覺中，找出型態。我們經常依據直覺做決定。學者表示，我們以兩種方式做決定。有些決定是經過深思熟慮的，需要仔細思考，參考我們記憶中的知識。心理學家將這些決策稱為「奮力的」、有意識的，相對費時的。其他決策則是憑藉直覺進行。直覺決策進行得相當快速，並不需要有意識的注意，而且跟深思熟慮的決定一樣有用。

直覺是我們決定下一步該怎麼做的關鍵。我們都有過這種經驗，知道一件事，卻不明白是自己是怎麼知道，又為何知道。學者是如此形容直覺的：

人們不斷從接踵而至，衝擊自身的感覺中，找出型態，而且無須刻意留意也能做到。結果就是依稀感知到連貫性，導致思想與行為產生偏差……直覺仰賴的是反映出所有先前經驗的心智表徵[13]。

依稀、隱約感覺到可能的意義，就是直覺。比起不幸運的人，幸運之人更會留意這些隱約的感覺，也更會依憑直覺，接近或遠離周遭的事情。

在探討直覺的神經生物學的實驗室研究中，研究人員安排研究對象接觸到連貫與不連貫的刺激，再請研究對象以最快的速度，評估剛才的經歷[14]。結果並不讓人意外：我們辨識連貫圖像的速度較快，也較為正確。我們憑藉直覺，迅速看出圖像中有個物體，並且判斷這個物體是什麼。連貫的感覺存在於我們所有的感覺系統。舉個例子，克絲汀·沃茲（Kirsten Volz）與同僚請研究對象判斷幾種聲音的連貫性，例如「教堂鐘響、廢水處理管的汩汩流水聲，或是餐具的咯咯聲[15]」。有些聲音並沒有經過變更，有些則是經過變更，隨機疊加了幾小段噪音，或是有幾小段關閉成靜音。還有一些聲音是倒過來播放，刻意做成「不連貫」。研究對象必須以最快的速度，判斷聲音是否來自實際事件，而研究人員同時使用功能性磁振造影，製作他們的大腦活動圖。

播放的聲音若是沒有經過變更，而且連貫（是按照正常順序播放，而不是倒過來播放），研究對象的判斷就會比較快，也比較正確。在這一項聽覺研究中，活躍的大腦區塊與視覺研究所觀察到的活躍的大腦區塊相似。大腦的聽覺區塊，也就是我們通常用於辨識聲音的區塊是活躍的，正如在視覺研究中，我們用於辨識、分類看見物體的大腦區塊也會活躍。但有一個比較不尋常的區塊，亦即眼窩額葉皮質也會活躍。沃茲與同僚發現，眼窩額葉皮質「能迅速發現、預測」一個物體（任何一種物體，我們能看見、聽見，應該也可以觸知、嚐到）是什麼[16]。在負責辨識物體的大腦區塊啓動之前，眼窩額葉皮質就已經啓動，代表眼窩額葉皮質只使用最基本的資訊，也就是場景的「梗概」，來判斷物體是否爲「眞實」。也許那句「跟著直覺走」的老話，應該改成「跟著你的眼窩額葉皮質走」會更適合。

其他幾位學者也證實，以直覺判斷一個物體爲何，確實與眼窩額葉皮質的活動有關[17]。眼窩額葉皮質接收來自每一個感覺系統的資訊，似乎也會評估流入的感覺資訊，而且也會決策，尤其是會做出情緒上的決策，以判斷物體爲何。

你的大腦的執行官

研究也證實，眼窩額葉皮質與我們迅速做出，也屢屢做出的其他幾種決策有關，例如判斷某樣東西與另一樣東西的價值差異，理解我們行動的後果，記得在各種情況必須遵守的規則，從一個不再有用的規則，改換到更理想的新規則，甚至記住我們的感覺系統產生的資訊[18]。這些運作統稱爲**執行功能**（executive functions）。所有指引我們日常與周遭環境互動，讓我們能保持彈性靈活，適時調整自己的行爲，以達成目標的決策，皆屬於執行功能。

額葉與眼窩額葉皮質曾經損傷的人（例如我們的朋友費尼斯·蓋吉），會罹患**執行功能失常症**（dysexecutive syndrome）。執行功能失常症的病患常常無法執行一種或更多的執行功能：

注意力、工作記憶、規劃與抑制控制。這幾項執行功能無論是任何一項，還是全部失靈，或多或少都會直接導致無能力決策，也無能力組織自己的行為……病患的行為，以及行為背後的思考的整體範圍與複雜度都縮小[19]。

執行功能失常症的患者，無法忽視周遭環境中與實現他們的目標無關的事物，因此極難做出有助於達成目標的決策。他們似乎看見一個物品，就覺得必須拿起來使用，不是因為使用這件物品有助於實現目標，而是因為物品碰巧在這裡。眼窩額葉皮質損傷的病患在一個充滿可能性的世界，面對一項任務，卻偏離眼前的正事，無法克制擺弄無用之物的衝動。他們甚至無法克制模仿身邊的人的行為的衝動，無論身邊的人做出怎樣的行為，他們都想模仿。

喪失迅速判斷物體是什麼、對我們又有哪些作用的能力，會導致我們難以達成目標。執行功能失常症的患者無法集中注意力，無法濾除不重要的事物，因此容易做出錯誤決策。那其他額葉健全的人又如何呢？中樞神經系統提供的每一種能力，強弱程度均有不同。我們每個人認知能力的強弱都不同，運用認知能力的程度，差異甚至更大。另一群學者指出，幸運的人懂得運用執行功能達成目標，而這就叫做幸運。

執行功能失常的運氣

　　約翰‧麥特比（John Maltby）與英格蘭萊斯特大學的一群研究學者指出，一個人相信自己運氣不好，可能會影響此人使用執行功能的能力[20]。麥特比與同僚認為，若你無法運用認知能力解決問題，或是尚未學會有效運用執行功能，那你整體的解決問題能力可能較為低落。因為長期無法實現目標，所以你可能會覺得自己運氣不好[21]。倘若真是如此，那研究人員應該會發現，覺得自己不幸運的人，執行功能多半有缺失。

　　科學界提出了許多執行功能，而我們如何運用這些認知能力則是全球各地實驗室的熱門話題。麥特比與同僚測試了三種各界多半認為確實存在的執行功能。第一種是**轉移**（shifting），也就是我們在幾項任務之間轉移，或是在為了解決問題的幾種思考之間轉移的能力。任務的要求一旦改變，我們的思考能不能改變？他們使用數字與字母測驗（Number Letter test），評估研究對象的轉移能力。在測驗中，研究對象看見電腦螢幕上一個二乘以二的棋盤圖（見圖七之二）。在矩陣的左上角，有個數字與字母的組合（M3）。如果數字與字母的組合出現在矩陣上方兩個方格的其中一個，研究對象必須判斷，組合當中的**字母**，是母音字母還是子音字母，至於數字則不必理會。字母如果是子音字母，研究對象必須按下電腦鍵盤的某一鍵（b）。若是母音子母，則按下另一個鍵（n）。研究對象一旦按下按鍵，數字與字母組合就會消失，新組合會出現在矩陣的右上方格。由於新組合出現在矩陣上方兩個區塊的其中之一，所以研究對象仍必須判斷字母是母音還是子音，並按下正確的按鍵。

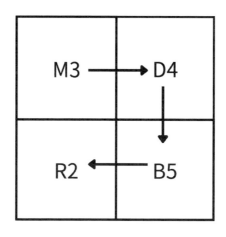

圖七之二　數字與字母測驗示意圖

　　下一個組合會出現在矩陣右下方的方格。如果組合中的**數字**是單數，研究對象必須按下「b」鍵。若是雙數，則應按下「n」鍵。任務已經轉移了。在最後，數字與字母組合會出現在矩陣左下方的方格，研究對象也必須再次判斷數字是單數還是雙數，並按鍵回答。

　　刺激在矩陣的移動方式始終不變，始終是從左上方順時針移動到下方，上排兩格要判斷的是字母，下排兩格要判斷的則是數字。在網路上可以找到這種測驗的示範，但你如果想試試，可要小心！看起來不難，其實不容易。這是較為困難的轉移能力測驗，因為你在測驗中必須頻繁且快速轉換。麥特比記錄了研究對象按鍵答題所需的時間，以及所犯的錯誤。轉移能力較佳的人，答題速度比轉移能力較差的人快，犯的錯誤也比較少。麥特比預估，認為自己不幸運的人，通常較為不擅長使用這種執行功能。

麥特比評估的第二種執行功能，是**抑制**（inhibiting），亦即不**做**某種行為的能力，也就是抑制心理學家常說的**強勢反應**（prepo-tent response），通常是自動做出反應。評估抑制強勢反應能力的最理想的工具，是史楚普作業，亦即麥特比使用的抑制測驗。我在第六章介紹過史楚普作業，現在再簡短介紹一次。如果你參與史楚普作業，就會接觸到不協調的刺激（文字顏色與意義不符，例如藍色字體的紅色二字），以及兩者相符的協調的刺激。想順利完成史楚普作業，就必須抑制先讀字的傾向，改為說出字體的顏色這個較不強勢的答案。從答錯的次數，也可看出抑制過度學習與自動反應的能力。麥特比預估，特別不擅長抑制讀字的傾向的人，往往也會認為自己不幸運。

研究團隊評估的最後一項執行功能，是**擴散性思考**（divergent thinking），也就是尋求其他的解決問題的辦法。與擴散性思考相反的是**聚斂性思考**（convergent thinking），亦即只考慮幾種可能的解決方案，而不去擴大考慮的範圍。人類在解決問題時，這兩種思考通常都會使用，但每個人偏好的思考方法不同。我們會依據眼前的問題，選擇思考的方法。我們做選擇題測驗，去思考考題之外的選項並沒有意義。因此在選擇題測驗，我們應該使用聚斂性思考。若是將我們突然放在完全陌生的環境，叫我們自己想辦法回家，那擴散性思考能幫助我們找到更多條回家的路。

麥特比使用吉爾福特多種用途實驗（Guilford Alternative Uses

task），測試擴散性思考的能力。研究對象會看見一個尋常的物品，例如一顆乒乓球，並且要在兩分鐘之內，列出自己能想到的乒乓球的所有用途。評分標準包括原創性、流暢性（答案的數量）、靈活性（列出用途的種類），以及深思性（說明的細節多寡）。分數愈高，代表擴散性思考能力愈高。麥特比預測，認為自己不幸運的人與認為自己幸運的人相比，能想出的用途較少也較不奇特，實驗的得分也會較低。

麥特比也使用一系列的紙筆測驗與問卷調查，評估研究對象認為自己幸運的程度。例如他使用達爾克與費里曼幸運信念量表（Darke and Freedman Beliefs Around Luck Scale），衡量研究對象認為自己幸運的程度。得分愈高表示愈認為自己不幸運。他也使用執行功能失常問卷（Dysexecutive Questionnaire，DEX），由研究對象評估自己的執行功能能力。分數愈高，代表執行功能愈失常。一般而言，認為自己不幸運的人，執行功能失常問卷的得分較高。換句話說，你愈是認為自己不幸運，測驗結果就會顯示你的執行認知能力愈失常。麥特比的研究對象中，自認為不幸運的人，也覺得自己的自我效能較低，較不樂觀。與自認為幸運的研究對象相比，自認為不幸的研究對象比較不外向，也比較不樂於接受新經驗。研究結果正如麥特比所預料，自認為不幸運的人，在轉移、抑制、擴散性思考的得分較低。認為自己不幸運，確實與執行功能較差相關。

那自認為幸運的人呢？自認為幸運，是否會影響規劃行動、達成目標的能力？麗茲・戴（Liza Day）與麥特比研究一群自認為特別幸運的人的認知表現[22]。他們發現，與自認為不幸的研究對象相比，自認為幸運的研究對象對於未來通常較為樂觀，較有希望。一個人愈是相信自己幸運，就愈有可能努力達成目標，即使面臨逆境，也更有可能堅持。相信自己幸運的人，即使認為需要一點運氣才能達成目標，但對於自己能否達成目標這件事，仍然會比較有把握。之所以會有信心，似乎是因為覺得好運是一種自己能控制的內部特質。認為好運是無法控制的外部因素的人，則是表示對於自己能否實現目標比較沒信心。戴與麥特比都認為，幸運之人比起不幸運的人，以及那些完全不相信運氣的人，之所以在逆境之中更能堅持，更願意繼續努力達成目標，也許是因為有希望、樂觀，以及信心。

麥特比的實驗室也尋找生理證據，以證明麥特比的理論「自認為不幸運的人，執行功能會有所改變」[23]。他的團隊觀察正在使用「抑制」執行功能的研究對象的事件關連電位（ERP）（請參閱第六章有關史楚普作業的討論）。要記得，認為自己不幸運的人與控制組的差異，出現在事件關連電位圖的晚期腦波。這些腦波是由前扣帶迴皮質（ACC）產生，代表我們面對刺激的情緒反應，也許能證明相較於控制組，不幸運的人在犯錯，或是認為自己無力控制事態的時候，情緒會較為煩亂。

瑪麗·班尼奇（Marie Banich）提出一種執行功能型態，稱為**串級控制型態**（cascade of control model）。這個型態與大腦皮質的兩個區塊相關，一個是背外側前額葉皮質，另一個是前扣帶迴皮質[24]。這兩個區塊合作，能讓我們運用執行功能，解決類似史楚普作業的問題。首先，前額葉皮質產生一個注意力心向（attentional set），也就是我們注意這個世界的方式的一種偏誤。想順利完成史楚普作業，我們的注意力心向必須偏向辨識字體的顏色，同時必須抑制我們讀字的自動反應。我們學會在注意力中製造這種偏誤，而製造成功或是失敗的經驗，會影響我們日後遇到類似史楚普作業的新問題時製造偏誤的能力。

接著，前額葉皮質再傳送指令給前扣帶迴皮質，前扣帶迴皮質必須完成兩項任務，必須產生指令，以回應眼前作業的要求，也要評估反應的正確性。你若是出錯，前扣帶迴皮質就會回傳一個指令給前額葉皮質，要前額葉皮質稍微加強由上而下的注意力控制。若是先前學習導致前額葉皮質表現不佳，或是在麥特比的模型中，習得預期告訴你，你運氣不好，所以無法完成任務，那前扣帶迴皮質必須先整理混亂且不盡正確的資訊，才能選擇合適的反應，而反應時間與錯誤率都會增加。

使用執行功能的能力，或多或少會受到先前學習影響。由此可見未來學習也會影響執行能力。人類最不可思議的特質，就是我們有能力改善做事的方式。懷斯曼的幸運學校招收學生，就是利用我們靈活且有適應能力的大腦。他的學校教導學生改變預期、稍微更仔細注意周遭的事物，以及相信直覺。你也可以學會幸運的訣竅。

第8章

命運之神昂貴的微笑

世事皆離不開運氣

即使在最無望的溪流

也要拋入魚鉤

會有魚上鉤的

奧維德（Ovid）

你感覺幸運嗎？

對研究人員來說，最困難的莫過於找到可以研究的新構想或新方向。有些研究人員主張多方閱讀，有些認為應該在研討會、系所會議上與同仁多加交流，有些則是超喜歡專為尋找下一個實驗室研究的主題而舉行的腦力激盪會議。我覺得找到下一個研究主題的方法不只一種。我喜歡使用綜合的方法，包括注意力、記憶、規劃、閱讀、對話，還有我們都熟悉的偶然機運。

我最開心的，就是突然有一個想法，而且這個想法能吸引我一路探索下去。我會開始構思這本書，也是因為有了一個想法。一開始是我在課堂上，偶然問我的學生的一個問題。你大概還記得，在一堂課正式開始前,教室總是亂哄哄的,講話的聲音、紙張翻來翻去的聲音、椅子嘎吱嘎吱響、咳嗽聲,有人問起昨晚的派對,還有下一個週末的派對。有一天,學生們正要準備上課,還亂哄哄的,我則是在思考接下來要講的關於機率的內容,還有我前一天碰巧看到的一篇文章。那篇文章是我的朋友寫的,我之所以會看,唯一的原因是作者是我朋友。我對那篇文章的主題並不感興趣,是偶然看見我朋友的名字,才會看那篇文章。

我的朋友在文章說道,他想複製一項關於幸運知覺的德國研究[1]。他在美國這裡,以他的學生為研究對象進行相同的實驗,但結果與德國的原始研究完全不同[2]。德國學生相信幸運符的效力,表現也因此提升,但美國學生即使相信幸運符的效力,表現卻並未提升。我寫電子郵件給我的朋友,問他覺得美國這裡的研究結果為何如此不同。我們又稍微聊了聊文化、預期,以及隨機性在科學扮演的角色。我們聊完就回到日常生活。但我現在一邊聽著教室裡的對話,一邊想著機率與實驗結果,與朋友的這段對話,卻在我的腦海沸騰。

我一時好奇,問了坐在最靠近我的一排的學生,對運氣以及幸運的看法是什麼。他們的答案讓我頗為意外,也讓我想知道其他學生怎麼想。所以我們在課堂上討論統計相依之前,我先問現場的學生,認為自己幸運的舉手。只有少數幾位舉手。嗯……這樣啊。我再把問題反過來問,說認為自己不幸運的舉手。沒想到幾乎全部都舉手。真的假的?這麼多位都覺得自己不幸運?怎麼會呢?你們既年輕又聰明,就讀的又是人人稱羨的名校,是領袖與學者的搖籃,身體又健康，才剛開始獨立奮鬥，還有大好前程等著你們。這麼多優勢在手，怎麼還會認為自己不幸運？

學生的回答讓我大吃一驚，於是我決定在實驗室進行一連串的實驗，探究箇中原因。那篇文章的作者，也就是我的朋友，任職於美國上中西部的校院。我則是在美國深南部任教。會不會是地域差異？不對。德國的那項原始研究，我在我的實驗室重複了一次，結果也與原始研究不同。我開始思考，究竟要怎樣才會幸運或是不幸？我也開始閱讀相信運氣與預期的力量、型態識別、能動性等等主題的文獻。我的專長是神經科學，而且我認為大腦絕對是世界上最酷的東西，所以我也參考探討人類大腦如何處理生活中的偶發事件的研究。然後就寫了這本書。所以我究竟發現了什麼？

運氣、恐懼，以及未知

運氣一詞經常成為「偶然機運」的同義詞。偶然事件雖然讓我們感到不太自在，但每天都出現在我們的周遭。我們害怕偶然事件，因為偶然事件是不可知、出乎意料，也是無法預期的。偶然事件也很難理解，而人類通常不喜歡費解的東西。尼可拉斯·卡爾頓（Nicolas Carleton）說，我們對於未知的恐懼，也許是所有恐懼的根本。他將對於未知的恐懼，定義為我們若缺乏資訊，無法理解現正發生，以及未來會發生的事情，就容易感到恐懼。恐懼是由「感知缺乏首要的、關鍵的，或是足夠的資訊所引起[3]」。我們受到恐懼驅使，所以對世界感到好奇，會去探索世界，以減少不確定性。

對於未知的事物感到好奇，在心理學層面是有益的。研究發現，滿足我們的好奇心不僅能減少不確定性，還能啟動對於酬賞與增強有所反應的大腦系統。就好比飢餓的時候有食物可以吃，我們減少未知，感覺到的不確定性就會下降，焦慮也會減少，還會覺得更能控制自己的人生[4]。

將我們不懂或是害怕的事物命名，是極度符合人性的作法。命名也能馴服偶然事件。彷彿我們對自己說：「好了，解決了。你這個可怕的東西，我現在知道你叫什麼名字了。我還是不太認識你，但下次再遇到你，我就知道該怎麼稱呼了。」過了一陣子，僅僅是能稱呼偶然事件，我們似乎就覺得事情已經解決了。命名還能安撫大腦的情緒反應中樞，減少掌管恐懼的杏仁核的活動量[5]。

綜觀人類的歷史，我們將控制偶然事件的力量賦予鬼神，也發展出複雜的儀式與魔力物品，希望宇宙朝著對我們有利的方向前進。我們的大腦有個艱難的任務，要理解偶發事件的意義，如果有意義的話，還要思考該如何因應。我們發揮所有現有的、能用的認知能力，判斷當下的問題，研判問題的起因，也預測接下來會發生的事。事後我們再將所做的決定，以及採取或抑制的行動，定義為運氣，也就是好運或厄運。

我們靈長類的大腦，希望世上有秩序與理性。我們的大腦天生就能尋找型態，並將注意力與思考集中在這些型態上，以求完整預測接下來會發生的事。在此同時，我們堅決不肯接受我們知道不完美，甚至不見得是真實的事物。我們堅信能控制一切，行為也展露出這種信念。納西姆・塔雷伯（Nassim Taleb）在《隨機騙局：潛藏在生活與市場中的機率陷阱》（*Fooled by Randomness*）主張以一種堅忍的態度應對偶發事件，亦即以「智慧、正直以及勇氣」面對偶發事件，同時表示「幸運女神唯一無法控制的東西，就是你的行為[6]」。我贊同這種觀點，但只是有點贊同。我也覺得理查・懷斯曼與詹姆斯・奧斯汀的主張值得參考，我們可以學會更能掌握偶發事件所創造的機會，讓自己更有機會遇到偶發事件，也更能接受任何行動，甚至是無行動的固有風險。

想想你在人生中遇到的偶發事件。無論機會是與你擦肩而過，還是落到你頭上，我相信你都會盡力而為。每個人都會盡力而為，但總要等到盡力之後，才會知道自己做的是否「正確」。我在寫這本書的過程中，也發現處理偶發事件，並不是只有一種或是「最好」的辦法。每個人處理偶發事件的方法不一樣。每個人的過往經驗並不相同，所以預期、恐懼、追求，以及極力避免的，當然也就不同。不過每個人還是有一個共同點，就是大腦天生就會在一個隨機且不連貫的世界，尋找型態與連貫性。

我覺得我們看著世界，並不能看見世界真正的本質，而是看見我們預期看見的、想看見的，有時還會看見害怕看見的。這是身為人類的本性。我們若能在影響人生的事件當中找到型態，就覺得開心。這就像醫學的安慰劑效應。我若覺得服用這個綠色小藥丸就能康復，服用之後也確實康復，那藥丸的成分是什麼，真的重要嗎？我覺得不重要。我若覺得穿這雙鞋子，這一天就會更順利，結果這一天果然順利極了，那相信幸運鞋的效力就算不理性，又真的重要嗎？我覺得完全不重要。

相信運氣本身並沒有問題。遇到棘手的狀況，仰賴運氣助己一臂之力，其實是有益的。相信運氣能讓我們覺得自己能控制事態，不相信就不會有這種感覺。感覺自己能控制局面，就可能會有更好的表現，更多的成功，以及更理想的結果。我們下一次身陷困境，也許會更相信運氣。「一事成，事事成。」我們很有可能再度啓用過往奏效的方法，即使這些方法是非理性的。

可塑的大腦

我們對於自己的預期，尤其是達成目標的機率的預期，會影響我們的決策。我們通常要歷經一番辛苦，才能得知自己的預期能否成真。但其實要學習任何東西，唯一的辦法就是辛勤及努力。我們試試一種解決方案，看看這種方案對我們是利還是弊。必須等到結果出爐，才會知道解決方案是否有效。所以仰賴運氣的代價才會如此高昂。命運幾乎總是要等到結果出爐，等到我們付出行動、投注時間與努力來執行一項解決方案之後，才會對我們微笑。

好消息是，我們可以改變預期與注意力。我們可以學著更集中注意力，忽視不重要的事物，抑制不當的反應，提供更好的資訊給我們的決策系統。大腦是可塑的，是可以改變的。大腦可塑性是我們人類的特質，也是我們得以存活的關鍵。我們遇到從未看過的事情，例如一匹馬表達對於曲式的愛好，我們可以運用冰雪聰明的大腦，思考那匹馬究竟在做什麼。

想要幸運，就必須願意接受我們所遇到的高低起伏的偶發事件。所謂幸運，就是在正確的時間，出現在正確的地點，但我們也必須加強自身的技能、才華，以及思考能力，才能將自身的潛能發揮到極致。我們不能完全依靠偶然的機運將我們推向成功，而是必須運用大腦達成目標，也必須適時接受、把握，甚至擁抱偶然的機運。我們若是不顧技能、能力、訓練、努力、勤奮，僅僅依靠擲骰子、翻紙牌這樣的偶然機運，那依靠運氣就會變成一種問題。

得到命運的微笑，也許要付出相當高昂的代價。想把握偶然的機運，首先你必須出現在能接住機運的地方。這是有風險的。你可能被厄運擊垮，也有可能受到好運眷顧，但必須等到事情結束，你才能知道結果。運氣的好壞，是由你的行動的後果定義。如果一切順利，你得到你想要的，那恭喜你啦！運氣真好！若不順利，就要從這次的錯誤得到教訓，你才能繼續嘗試。

經驗會改變我們的心智功能（我們思考的方式），也會改變我們的大腦功能（我們的大腦對經驗的反應），這兩者是連動的。你認為必須處理的每一個事件，都會改變你思考的方式，以及你的神經元運作的方式，不是暫時改變，就是永久改變。記憶是經驗所導致的相對長久的大腦變化。

專家對於我們為何感到幸運，以及如何提高我們在某個情況受到幸運眷顧的機率，提出不少理論。第一章介紹詹姆斯・奧斯汀提出的四種類型的運氣，每一種都是努力與偶然機運的組合。偶然的機運加上努力、行動與準備，我們能受到幸運眷顧，能有理想結果的機率就會增加。

莎拉·肯珊斯與艾蜜莉·柯爾的運氣極好，一趟划船之旅經歷了全部四種類型的運氣。她們兩位都將伍德維爾橫渡大西洋划船賽視為一種機會，而不是必須極力避免的事情。她們注意到大賽的消息，著手準備參賽。她們因為自身性格的關係，將這場危險的比賽當成一場冒險，是好玩又刺激，而不是可怕又有可能喪命的事情。就是這種冒險精神，讓一開始參賽的可能性大增。奧斯汀與懷斯曼都會說，她們接受了偶然出現的大賽，在準備過程中信任自己的直覺（以及可靠的專家意見），拚命做好準備，也預期會有好的結果，不只對比賽結果有所期待，而是在受困於大西洋上翻覆的船隻時，也沒有灰心喪氣。

我們永遠都在祈求命運、宿命、眾神能助我們一臂之力，有些人隨身攜帶護身符以求好運。心理學家指出，我們相信運氣這種本身毫無邏輯的東西，相信一件珠寶就能影響運氣，這種想法能減少焦慮，我們就能將更多心力用於解決問題。成功是一種前饋迴路，會自我繁殖，我們就會感到幸運。

瓊·金瑟之所以幸運，是因為她的堅持、準備，以及性格，讓她將刮刮樂彩券視為機會，而不是浪費時間、精力，以及金錢的事情。她研究過統計與機率，因此願意等待長期的結果，畢竟想贏得獎金就得多刮一些彩券，只刮幾張是不夠的。

費拉諾·塞拉克逃過鬼門關七次。該說他是運氣好能逃過死劫，還是運氣不好才會遭遇這麼多次的意外？他認為是運氣不好才會遇到那些事，但報導他死裡逃生的記者，都認為他的運氣好到不可思議。赫爾穆特‧賽門與妻子艾瑞卡碰巧發現冰人奧茲；漢斯‧博格、詹姆斯‧奧爾茲，以及彼得‧米爾納夠敏銳，能發現他們所尋求的答案並非在對勁的地方，而是在不對勁的地方。他們懂得集中注意力，正如奧斯卡‧芬格斯特仔細研究聰明漢斯，因此更理解我們的預期是如何影響我們所看見的、我們對於這個世界的所知，以及我們如何解讀偶發事件。

所謂運氣，就是你面對世上的偶發事件的方式。我們就像《綠野仙蹤》的桃樂絲，其實一直都具有能力。只要敞開心胸，願意接受，不焦慮也不害怕，願意從錯誤中學習，改變徒勞的作為，偶發事件就會是好事。就算不能控制整個宇宙，我們還是可以稍加控制人生的這個層面。無論我們做什麼，偶然事件都會發生，畢竟混沌理論主宰我們的宇宙。知道該如何克服重重難關，這才叫幸運。

好運、厄運，誰知道呢？

我還有時間說一個故事。故事的源頭是四世紀中國的道家傳統。道家由哲學家老子創立，主張生活簡單自然、天人合一，就能得到幸福。這說的不就是偶然的機運？「天」就是沒有固定節奏的宇宙，也就是所謂的「道」[7]。

從一位農民的故事，可以一窺道家的人生觀，故事是這樣的[8]。一位勤勞、年長的中國農民，與他的兒子共有一匹馬。他們用這匹馬犁田、播種、種植農作物，並將農作物運往市場。農民的生計離不開這匹馬。有一天早上，這匹馬衝出圍籬，跑入森林中。鄰居們得知農民唯一的馬跑走了，紛紛過來安慰他。他們說：「耕種的季節馬上要開始了，你們家唯一的馬偏偏這個時候跑掉。這下子你要怎麼耕作？要怎麼播種？你們家真可憐，運氣這麼不好。」

農民說：「是好運還是厄運，誰知道呢？」

幾天之後，農民的馬從森林回來，還帶著另外兩匹野馬一起回來。鄰居們得知消息，對農民說：「你現在有三匹馬啦！這樣耕種的速度就快多啦。你也可以多買土地，多種作物，多賺錢。你還可以把另外兩匹馬賣掉。反正你不管怎麼做，都要發大財啦！你真是好運當頭！」

睿智的農民答道：「是好運還是厄運，誰知道呢？」

隔天早上，農民的兒子訓練野馬幫忙耕種。他要騎上其中一匹野馬，卻摔了下來，把一條腿摔斷了。播種季節就要開始了，這下子兒子沒辦法幫爸爸耕種。鄰居們又跑來說：「真倒楣，你們家運氣真糟。」

睿智的農民又答道：「是好運還是厄運，誰知道呢？」

幾天後，皇帝的人馬造訪國內的每一個村莊。國家與鄰近的敵國之間爆發戰爭。皇帝的人馬要徵募每一家的長子參軍，以打敗敵國。他們來到農民的家，看見農民的兒子摔斷了腿，認為他即使從軍也無法打仗，所以沒有徵募他。農民的兒子是全村唯一沒有被皇帝人馬抓去打仗的長子。鄰居們又跑來農民的家，有幾位還含著眼淚，對農民說：「你兒子摔斷腿還真是幸運。全村就只有他沒被抓去當兵。你們家運氣真好。」

農民平靜地說道：「是好運還是厄運，誰知道呢？」

備註

第一章、運氣是什麼？

1. Sarah Kessans, email message to author, May 21, 2014.

2. 女子雙人划船橫渡大西洋的世界紀錄，於 2005 年由來自紐西蘭的「電信挑戰一號」（*Telecom Challenge 1*）的史戴芬妮・布朗（Stephanie Brown）及茱德・艾莉絲（Jude Ellis）創下。她們用時五十天七小時零分鐘。

3. 美國國家航空暨太空總署（NASA）表示，2005 年 11 月 29 日至 12 月 8 日肆虐的颶風厄普西隆，不僅是在 2005 年史上最長颶風季降臨的颶風之一，也是史上為期最久的十二月颶風。

4. Kessans, email.

5. Loma Grisby, Champ Clark, and Ellen Tumposky, "Very Lucky and Very Alive. Hit by a Huge Wave, Rescued by a Tall Ship," People 65 no. 10 (March 2006): 101.

6. Kessans, email.

7. U.S. National Oceanic and Atmospheric Administration, "What Is a Rogue Wave?," last updated April 9, 2020, http://oceanservice.noaa.gov/facts/roguewaves.html.

8. Kessans, email.

9. *Oxford English Dictionary* (compact ed., 1971), s.v. "luck."

10. Margaret Rouse, "Random Numbers," WhatIs.com, last updated September 2005, http://whatis.techtarget.com/definition/random-numbers.

11. Wilhelm A. Wagenaar, "Generation of Random Sequences by Human Subjects: A Critical Review," *Psychological Bulletin 77 (1972): 65–72*, doi.org/10.1037/h0032060.

12. Leonard Mlodinow, *The Drunkard's Walk: How Randomness Rules Our Lives* (New York: Pantheon, 2009), 170–71.

13. Stephen Jay Gould, "Glow, Big Glowworm," in *Bully for Brontosaurus: Reflections in Natural History* (New York: Norton, 2010), chap. 17, Kindle.

14. Gould, "Glow, Big Glowworm," location 3953, Kindle.

15. Gould, "Glow, Big Glowworm," location 7177, Kindle.

16. Jerzy Neyman and Egon S. Pearson, "On the Use and Interpretation of Certain Test Criteria for Purposes of Statistical Inference," *Biometrika* 20A (1928): 175–240, 263–94, doi: 10.2307/2331945.

17. Carl Gustav Jung, *Synchronicity: An Acausal Connecting Principle* (New York: Routledge, 2006), Kindle.

18. Peter Brugger, "From Haunted Brain to Haunted Science: A Cognitive Neuroscience View of Paranormal and Pseudoscientific Thought," in *Hauntings and Poltergeists: Multidisciplinary Perspectives,* ed. James Houran and Rense Lange (Jefferson, NC: McFarland, 2001), 204.

19. Michael Shermer, "Patternicity: Finding Meaningful Patterns in Meaningless Noise," *Scientific American*, December 2008, doi: 10.2307/26000924, http://www.scientificamerican.com/article/patternicity-finding-meaningful-patterns/.

20. Nouchine Hadjikhani, Kestutis Kveraga, Paulami Naik, and Seppo Ahlfors, "Early (M170) Activation of Face-Specific Cortex by Face-Like Objects," *NeuroReport* 20 (2009): 403–7, doi: 10.1097/WNR.0b013e328325a8e1.

21. Michael Shermer, "Agenticity," *Scientific American* 300 no. 6 (June 2009): 36, doi:10.2307/26001376.

22. Nicolas Rescher, *Luck: The Brilliant Randomness of Everyday Life* (Pittsburgh, PA: University of Pittsburgh Press, 1995).

23. "Puget Sound Citizens Believe in Luck O' the Irish: Residents Gear Up for Saint Patrick's Day and Hope for a Little Green" (2013). Ipsos MarketQuest

Survey, accessed March 20, 2014, http://www.ipsos-na.com/download/pr.aspx?id=12550.

24. David W. Moore, "One in Four Americans Superstitious: Younger People More Superstitious Than Older People," Gallup, October 13, 2000, http://www.gallup.com/poll/2440/One-Four-Americans-Super-stitious.aspx.

25. James Austin, *Chase, Chance and Creativity: The Lucky Art of Novelty* (Cambridge, MA: MIT Press, 2003).

26. 機率的定義，是沒有拿到某一手牌的紙牌組合總數，與拿到某一手牌的紙牌組合總數的比率。正常的一副牌中，共有四種同花大順組合（同樣花色的十、J、Q、K、A），四種花色各有一種。在一副五十二張的牌，可能出現的五張牌組合共有兩百五十九萬八千九百六十種，計算方式為 $\dfrac{n!}{k!(n-k)!} = \dfrac{52!}{5!(47!)}$ 等於兩百五十九萬八千九百六十。所以同花大順的機率是兩百五十九萬八千九百六十分之四，亦即六十四萬九千七百三十九分之一。

27. Stuart W. Leslie, *Boss Kettering* (New York: Columbia University Press, 1985), 45.

28. "Louis Pasteur," todayinsci.com, accessed January 15, 2021, https://todayinsci.com/P/Pasteur_Louis/PasteurLouis-Quotations.htm.
特別感謝我的先生克里斯多福‧羅賓森‧麥克雷（Christopher Robinson McRae）鼎力相助，提供法文引文與英文翻譯。他是語言教授，能說五種語言（包括法語），是我的專屬語言顧問。

29. Austin, *Chase, Chance and Creativity*, 75.

第二章、運氣簡史

1. Paul Weber, "Mystery Surrounds 4-Time Texas Lotto Winner," *NBC News*, July 13, 2010, https://www.nbcnews.com/id/wbna38229644.

2. John Wetenhall, "Who Is the Lucky Four-Time Lottery Winner: Mysterious Texas Woman has Won Over $20 Million in Lotteries," *ABC News*, June 7, 2010, https://www.abcnews.com/id/11097894.

3. Vincent Trivett, " 'Lucky' Woman Who Won Lottery Four Times Outed as Stanford University Statistics Ph.D.," *Business Insider*, August 11, 2011, https://www.businessinsider.com/4-time-lottery-winner-not-exactly-lucky-2011-8; University of Hawaii, "Grains of Sand on All the Beaches of the Earth," updated June 22, 2014; http://web.archive.org/web/20080120012722/http://www.hawaii.edu (christianity-science.gr); "US National Debt," May 25, 2014, http://www.brillig.com/debt_clock; "Current World Population," December, 28, 2020, https://www.worldmeters.info/world-population/.

4. Nathanial Rich, "The Luckiest Woman on Earth: Three Ways to Win the Lottery," *Harper's*, August 2011, 64.

5. Tom Leonard, "She's the Maths Professor Who's Hit a Multi-Million Scratchcard Jackpot an Astonishing FOUR Times . . . Has This Woman Worked Out How to Win the Lottery?," *Daily Mail*, August 12, 2011, http://www.dailymail.co.uk/femail/article-2025069/Joan-Ginther-Maths-professor-hits-multi-million-scratchcard-lottery-jackpot-4-times.html; Rachel Quigley, " 'Lucky' Woman Who Won Lottery Four Times Outed as Stanford University Statistics PhD," *Daily Mail*, August 9, 2011, http://www.dailymail.co.uk/news/article-2023514/Joan-R-Ginther-won-lottery-4-times-Stanford-University-statistics-PhD.html; Tom Leonard, Daily Mail, August 12, 2011.

6. Richard Connelly, "Joan Ginther, Serial Lottery Winner: Lucky or a Genius Who Gamed the System?," *Houston Press*, August 9, 2011, http://blogs.houstonpress.com/hairballs/2011/08/texas_lottery_winner_genius.php.

7. Justin L. Barrett, *Why Would Anyone Believe in God?* (New York: Altamira Press, 2010), 4, 31.

8. Ambrose Bierce, *The Devil's Dictionary* (London: Neale, 1911), s.v. "prayer," http://www.gutenberg.org/ebooks/972.

比爾斯受到《韋伯大字典》（*Webster's Unabridged Dictionary*）啓發，撰寫幽默辭典《魔鬼辭典》〔原書名爲《憤世嫉俗者字典》（*The Cynic's Word Book*）〕。他所撰寫的定義，對於人性的嘲諷十分辛辣，往往也直指人類的愚蠢與毛病。比爾斯自己不幸成爲美國文學史上最大謎團之一的主角。一九一三年，七十一歲的他造訪他當年身爲印第安納第九步兵團的一員曾經效力過的美國南北戰爭戰場。然而不知爲何，他顯然延長了旅程，過境進入墨西哥，從此消失得無影無蹤。

9. Rollo May, *Freedom and Destiny* (New York: Norton, 1999), http://books.google.com/books/about/Freedom_and_Destiny.html?id=JbXdTiHUnzsC.

10. Richard W. Bargdill, "Fate and Destiny: Some Historical Distinctions Between the Concepts," *Journal of Theoretical and Philosophical Psychology 26* (2006): 205, doi: 10.1037/h0091275.

11. Jean Clottes, "Paleolithic Cave Art in France," Bradshaw Foundation, accessed May 26, 2014, www.bradshawfoundation.com/clottes.

12. David J. Lewis-Williams and Jean Clottes, "The Mind in the Cave—the Cave in the Mind: Altered Consciousness in the Upper Paleolithic," *Anthropology of Consciousness 9* (1998): 13–21.

13. David J. Lewis-Williams and T. A. Dowson, "On Vision and Power in the Neolithic: Evidence from the Decorated Monuments," *Current Anthropology 34* (1993): 55–65.

14. Edward Merrin, "The Olmec World of Michael Coe," November 10, 2011, http://www.edwardmerrin.com/2011/11/Olmec-world-of-michael-coe.html.

15. Michael D. Coe and Rex Koontz, *Mexico: From the Olmecs to the Aztecs* (New York: Thames and Hudson, 2002).

16. Coe and Koontz. *Mexico: From the Olmecs to the Aztecs.*

17. B. A. Robinson, "Religions of the World. Vodun (a.k.a. Voodoo) and Related Religions," last updated February 7, 2010, http://www.religious-tolerance.org/voodoo.htm.

18. Douglas J. Falen, "Vodun, Spiritual Insecurity, and Religious Importation in Benin," *Journal of African Religion* 46 (2016): 453–83, at 456.

19. Jaco Beyers, "What Is Religion? An African Understanding," *Theological Studies* 66 no. 1 (2010): 1–8, doi: 10.4102/hts.v66i1.341; Falen, "Vodun, Spiritual Insecurity, and Religious Importation in Benin."

20. Per Ankh Group, "Egyptian Art," 2005, http://www.perankhgroup.com/egyptian_art.htm.

21. Geraldine Pinch, *Handbook of Egyptian Mythology* (Santa Barbara: ABC-CLIO, 2002).

22. Egyptian-Scarabs, "Weighing of the Heart Ceremony," 2008, http://www.egyptian-scarabs.co.uk/weighing_of_the_heart.htm.

23. Pinch, *Handbook of Egyptian Mythology*.

24. Greek Gods and Goddesses, "Tyche," September 13, 2018, https://greekgodsandgoddesses.net.

25. Jona Lendering, "Mural Crown," Livius.org, last modified September 24, 2020, https://www.livius.org/articles/concept/mural-crown/.

26. Greek Gods and Goddesses, "Morai," October 23, 2019, https://Greekgodsandgoddesses.net.

27. R.A. L. Fell, *Etruria and Rome* (New York: Cambridge University Press, 1924).

28. Encyclopaedia Britannica, "Fate: Greek and Roman Mythology," April 26, 2019, https://www.britannica.com/topic/Fate-Greek-and-Roman-mythology.

29. William Smith, ed., *Dictionary of Greek and Roman Antiquities*, 2nd ed. (Boston: Little Brown, 1859): 1051–52.

30. 1 John 2–17, Bible, revised standard version.

31. N. S. Gill, "Who Was the Roman Goddess Fortuna?," ThoughtCo, last updated November 5, 2019, https://www.thoughtco.com//roman-goddess-fortuna-118378.

32. Temple Purohit, "Why is Lakshmi and Ganesha Worshipped Together?," October 13, 2016, https://www.templepurohit.com/lakshmi-ganesha-worshipped-together/; Upinder Singh, *A History of Ancient and Early Medieval India: From the Stone Age to the 12th Century* (Uttar Pradesh, India: Pearson Education in South Asia, 2009).

33. Lizhu Fan and Chen Na, "Resurgence of Indigenous Religion in China," University of California, San Diego, 2011, 1–39, http://fudan-uc.ucsd.edu/_files/201306_China_Watch_Fan_Chen.

34. Fan and Na, "Resurgence of Indigenous Religion in China," 25.

35. Encyclopaedia Britannica, "Caishen: Chinese Deity," September 16, 2019, https://www.britannica.com/topic/Caishen; "Tsai Shen—God of Wealth and Prosperity," 2016, https://www.nationsonline.org/oneworld/Chinese_Customs/Tsai_Shen.

36. Ulrich Theobald, "Religions in China Fu Lu Shou Sanxing: The Three Stars of Wealth, Status and Longevity," China Knowledge, December 22, 2012, http://www.chinaknowledge.de/Literature/Religion/persons-sanxing.html.

37. "Norns," Mythology.net, October 26, 2016, https://norse-mythology.net/norns-the-goddesses-of-fate-in-norse-mythology/.

38. Aaron C. Kay, Danielle Gaucher, Ian McGregor, and Kyle Nash, "Religious Belief as Compensatory Control," *Personality and Social Psychology Review* 14 (2010): 37–48, doi: 10.1177/1088868309353750.

39. Scott Atran and Ara Norenzayan, "Religious Evolutionary Landscape: Counterintuition, Commitment, Compassion, Communion," *Behavioral and*

Brain Sciences 27 (2004): 713.

40. Kay et al., "Religious Belief as Compensatory Control," 216.

第三章、運氣與心理學：論身為群居動物

1. Chris Littlechild, "Luckiest or Unluckiest Man in the World?," *Ripley's*, August 20, 2018, https://www.ripleys.com/weird-news/unluckiest-man/.

2. Hauke Von Goos, "Stirb langsam: Wie ein kroatischer Musiklehrer sieben Unglücke überlebte" [Die hard: How a Croatian music teacher outlived unlucky seven], Der Spiegel, June 15, 2003, https://www.spiegel.de/panorama/stirb-langsam-a-f8cfd7e5-0002-0001-0000-000027390339; "Frano Selak—Truly the World's (Un)Luckiest Man," *Before It's News*, January 2, 2013, http://beforeitsnews.com/watercooler-topics/2013/01/frano-selak-truly-the-worlds-unluckiest-man-2431330.html.

3. Andrew Hough, "Frano Selak: 'World's Luckiest Man' Gives Away His Lottery Fortune," *Telegraph*, May 14, 2010, http://www.telegraph.co.uk/news/newstopics/howaboutthat/7721985/Frano-Selak-worlds-luckiest-man-gives-away-his-lottery-fortune.html.

4. Hough, "Frano Selak."

5. Laura A. King, "Social Psychology," chap. 13 in *The Science of Psychology: An Appreciative View* (New York: McGraw-Hill Higher Education, 2008), 432.

6. Jean-Paul Sartre, "No Exit," in *No Exit and Three Other Plays*, trans. Stuart Gilbert (New York: Vintage Books, 1989), 45.

7. Michael Tomasello, "The Ultra Social Animal," *European Journal of Social Psychology* 44 (2014): 187–94.

8. King, "Social Psychology."

9. Harold H. Kelley, "The Process of Causal Attribution," *American Psychologist* 28 (1973): 107.

10. Fritz Heider, *The Psychology of Interpersonal Relations* (New York: Wiley, 1958).

11. Heider, *The Psychology of Interpersonal Relations*, 79.

12. Bernard Weiner, "An Attributional Theory of Achievement Motivation and Emotion," *Psychological Review* 92 (1985): 548–73.

13. Bernard Weiner, "The Development of an Attribution-Based Theory of Motivation: A History of Ideas," *Educational Psychologist* 45 (2010): 32.

14. Heider, *The Psychology of Interpersonal Relations*, chapter 6, 164–73.

15. Michael S. Steinberg and Kenneth A. Dodge, "Attributional Bias in Aggressive Adolescent Boys and Girls," *Journal of Social and Clinical Psychology* 1, no. 4 (1983): 312–21.

16. American Psychological Association, "Hindsight Bias—Not Just a Convenient Memory Enhancer but an Important Part of an Efficient Memory System" (press release), 2000, http://www.apa.org/news/press/releases/2000/05/hindsight.aspx.

17. American Psychological Association, "Hindsight Bias," para. 1.

18. Edward E. Jones and Victor A. Harris, "The Attribution of Attitudes," *Journal of Experimental Social Psychology* 3 (1967): 1–24.

19. Gideon B. Keren and Willem A. Wagenaar, "On the Psychology of Playing Blackjack: Normative and Descriptive Considerations with Implications for Decision Theory," *Journal of Experimental Psychology: General* 114 (1985): 66.

20. Heider, *The Psychology of Interpersonal Relations*, 91.

21. Karl Halvor Teigen, "How Good Is Good Luck? The Role of Counterfactual Thinking in the Perception of Lucky and Unlucky Events," *European Journal*

of Social Psychology 25 (1995): 281–302.

22. Nicolas Rescher, *Luck, the Brilliant Randomness of Everyday Life* (Pittsburgh, PA: University of Pittsburgh Press, 1995) 32.

23. Karl Halvor Teigen, "Luck: The Art of the Near Miss," *Scandinavian Journal of Psychology* 37 (1996): 156–71.

24. Keren and Wagenaar, "On the Psychology of Playing Blackjack," 66.

25. Keren and Wagenaar, "On the Psychology of Playing Blackjack," 152.

26. Teigen, "Luck: The Art of the Near Miss."

27. Matthew S. Isaac and Aaron R. Brough, "Judging a Part by the Size of the Whole: The Category Size Bias in Probability Judgments," *Journal of Consumer Research* 41 (2014): 310–25.

28. Karl Halvor Teigen, "When a Small Difference Makes a Big Difference: Counterfactual Thinking and Luck," in *The Psychology of Counterfactual Thinking*, ed. David R. Mandel, Denis J. Hilton, and Patrizia Castellani (London: Routledge, 2005), location 3206, Kindle.

29. Teigen, "How Good Is Good Luck?," 288.

30. Daniel Kahneman and Dale Miller, "Norm Theory: Comparing Reality to Its Alternatives," *Psychological Review* 93 (1986): 136.

31. Neal J. Roese, "Counterfactual Thinking," *Psychological Bulletin* 12 (1997): 133–48.

32. Karl Halvor Teigen, Pia C. Evensen, Dimitrij K. Samoilow, and Karin B. Vatne, "Good Luck and Bad Luck: How to Tell the Difference," *European Journal of Social Psychology* 29 (1999): 981.

33. Joanne McCabe, "At 27 Foot Is This the World's Biggest Icicle?," *Metro*, March 5, 2010, http://metro.co.uk/2010/03/05/is-27-foot-icicle-in-scotland-the-worlds-biggest-146526/.

34. Dale T. Miller and Saku Gunasegaram, "Temporal Order and the Perceived

Mutability of Events: Implications for Blame Assignment," *Journal of Personality and Social Psychology* 59 (1990): 1111–18.

35. Teigen, "Luck: The Art of the Near Miss."

36. Teigen, "Luck: The Art of the Near Miss."

第四章、運氣與心理學：魔力思考

1. Brenda Fowler, *Iceman: Uncovering the Life and Times of a Prehistoric Man Found in an Alpine Glacier* (Chicago: University of Chicago Press, 2000).

2. W. Ambach, E. Ambach, W. Tributsch, R. Henn, and H. Unterdorfer,"Corpses Released from Glacier Ice: Glaciological and Forensic," *Journal of Wilderness Medicine* 3 (1992): 372–76.

3. Fowler, *Iceman*, 7.

4. Bob Cullen, "Testimony from the Iceman," *Smithsonian* 33 (2003): 42–50.

5. David Leveille, "Researchers May Have Cracked the Case of How Ötzi the Iceman Died," *The World*, April 6, 2017, https://www.pri.org/stories/2017-04-06/researchers-may-have-cracked-case-how-tzi-iceman-died.

6. 奧茲塔爾阿爾卑斯山脈的「年度淨消冰量」，亦即冰川冰的消融量，在一九五八、一九六四、一九八二，以及奧茲重見天日的一九九一年特別高。Ambach et al., "Corpses Released from Glacier Ice."

7. Fowler, *Iceman*, 36.

8. H. V. F. Winston, *Howard Carter and the Discovery of the Tomb of Tutankhamun*, rev. ed. (London: Barzan, 2007).

9. "Times Man Views Splendors of Tomb of Tutankhamen," *New York Times*, December 22, 1922.

10. Winston, *Howard Carter.*

11. Tour Egypt, "Egypt: The Curse of the Mummy," accessed September 27,

2014, http://www.touregypt.net/myths/curseof.htm; Wikipedia, s.v. "Curse of the Pharaohs," last modified December 2, 2020, http://en.wikipedia.org/wiki/Curse_of_the_pharaohs.

12. "Is There a Curse of Ötzi?," magonia.com, accessed December 10, 2020, oetzi-iceman-curse.pdf.

13. "Two Famous Diamonds," *Hawke's Bay Herald*, April 25, 1888.

14. Wikipedia, s.v. "Hope Diamond," last modified November 28, 2020, http://en.wikipedia.org/wiki/Hope_Diamond.

15. "Great Omar," accessed September 12, 2014, http://cool.conservation-us.org/don///dt/dt1633.html.

16. Wikipedia, s.v. "Curse of the Bambino," last modified November 18, 2020, http://en.wikipedia.org/wiki/Curse_of_the_Bambino.

17. Wikipedia, s.v. "Curse of the Billy Goat," last modified November 26, 2020, http://en.wikipedia.org/wiki/Curse_of_the_Billy_Goat.

18. "Bunkered Champions," *The Economist*, June 11, 1994, 92; Wikipedia, s.v. "Sports Related Curses," last modified December 7, 2020, http://en.wikipedia.org/wiki/Sports-related_curses.

19. Richard Wiseman, "UK Superstition Survey," 2003, http://www.richardwiseman.com/resources/superstition_report.pdf.

20. David W. Moore, "One in Four Americans Superstitious: Younger People More Superstitious Than Older People," Gallup, October 13, 2000, http://www.gallup.com/poll/2440/One-Four-Americans-Super-stitious.aspx.

21. Karlyn Bowman, "Are Americans Superstitious?," Forbes, May 8, 2009, http://www.forbes.com/2009/03/06/superstitious-ufo-alien-conspiracy-opinions-columnists-superstition.html.

22. Peter Aldhous, "Ten Sports Stars and Their Bizarre Pre-Game Rituals," *New Scientist*, May 19, 2009, https://www.newscientist.com/article/dn17158-ten-

sports-stars-and-their-bizarre-pre-game-rituals/.

23. Joseph Lin, "Top Ten Sports Superstitions," *Time*, June 9, 2010, http://keepingscore.blogs.time.com/2011/10/19/top-10-sports-superstitions/slide/the-ritual/.

24. B. F. Skinner, " 'Superstition' in the Pigeon," *Journal of Experimental Psychology* 38 (1948): 168–72, at 171.

25. James George Frazer, *The Golden Bough* (New York: Collier Books, 1963), 12.

26. *Psychological Dictionary* (April 7, 2013), s.v. "What Is Magical Thinking?," http://psychologydictionary.org/magical-thinking/.

27. Matthew Hutson, *The Seven Laws of Magical Thinking: How Irrational Beliefs Keep Us Happy, Healthy, and Sane* (New York: Penguin Books, 2012).

28. Paul Rozin, Linda Millman, and Carol Nemeroff, "Operation of the Laws of Sympathetic Magic in Disgust and Other Domains," *Journal of Personality and Social Psychology* 50 (1986): 703–12.

29. Emily Pronin, Daniel Wegner, Kimberly McCarthy, and Sylvia Rodriguez, "Everyday Magical Powers: The Role of Apparent Mental Causation in the Overestimation of Personal Influence," *Journal of Personality and Social Psychology* 91 (2006): 218–31.

30. Pronin et al., "Everyday Magical Powers," 229.

31. Jennifer A. Whitson and Adam D. Galinsky, "Lacking Control Increases Illusory Pattern Perception," *Science* 322 (2008): 115–17, at 117.

32. George Gmelch, "Baseball Magic," *Elysian Fields Quarterly* 11 no. 3 (2002): 36.

33. Jeffrey M. Rudski and Ashleigh Edwards, "Malinowski Goes to College: Factors Influencing Students' Use of Ritual and Superstition," *Journal of General Psychology* 134 (2007): 389–403.

34. Timothy J. Gallagher and Jerry M. Lewis, "Rationalists, Fatalists, and the Modern Superstition: Test Taking in Introductory Sociology," *Sociological Inquiry* 71 (2001): 1–12.

35. Ellen J. Langer, "The Illusion of Control," *Journal of Personality and Social Psychology* 32 (1975): 311–28.

36. Stuart Vyse, *Believing in Magic: The Psychology of Superstition* (New York: Oxford University Press, 2014).

37. Aaron C. Kay, Jennifer A. Whitson, Danielle Gaucher, and Adam D. Galinsky, "Compensatory Control: Achieving Order Through the Mind, Our Institutions, and the Heavens," *Current Directions in Psychological Science* 18 no. 5 (2009): 264–68, at 264–65.

38. Kay et al., "Compensatory Control," 267.

39. Michaela C. Schippers and Paul A. M. Van Lange, "The Psychological Benefits of Superstitious Rituals in Top Sport: A Study Among Top Sportspersons," *Journal of Applied Social Psychology* 36 (2006): 2532–53.

40. Keith D. Markman, Matthew N. McMullen, and Ronald A. Elizaga, "Counterfactual Thinking, Persistence and Performance: A Test of the Reflection and Evaluation Model," *Journal of Experimental Social Psychology* 44 (2008): 421–28.

41. Liz Day and John Maltby, "Belief in Good Luck and Psychological Well-Being: The Mediating Role of Optimism and Irrational Beliefs," *Journal of Psychology* 137 (2003): 99–110.

42. John Maltby, Liz Day, Diana G. Pinto, Rebecca A. Hogan, and Alex M. Wood, "Beliefs in Being Unlucky and Deficits in Executive Functioning," *Consciousness and Cognition* 22 (2013): 137–47.

43. Lysann Damisch, Barbara Stoberock, and Thomas Mussweiler, "Keep Your Fingers Crossed! How Superstition Improves Performance," *Psychological*

Science 21 (2010): 1014–20.

44. Damisch et al., "Keep Your Fingers Crossed!," 1019.

45. 美國伊利諾州多米寧大學（Dominion University）的羅伯特・卡林 - 雅赫曼（Robert Calin-Jageman）等人以美國學生為研究對象，想複製達米施的研究，卻並未發現學生的推桿表現有任何顯著變化。卡林 - 雅赫曼目前正在擴大研究範圍，將達米施研究過的其他四項任務也納入。他對我說，他到目前為止，還沒能複製達米施的研究結果。我的幾位學生也想複製德國的原始研究，但我們同樣也沒有複製成功。

46. Laura J. Kray, Linda G. George, Katie A. Liljenquist, Adam D. Galinsky, Philip E. Tetlock, and Neal J. Roese, "From What Might Have Been to What Must Have Been: Counterfactual Thinking Creates Meaning," *Journal of Personality and Social Psychology* 98 (2010): 106–18.

47. Kray et al., "From What Might Have Been to What Must Have Been," 109.

第五章、運氣與你的大腦：第一部

1. Clifford F. Rose, "Cerebral Localization in Antiquity," *Journal of the History of the Neurosciences* (2009) 18: 239–47.

2. *Complete Dictionary of Scientific Biography*, s.v. "Berger, Hans," 2008, http://www.encyclopedia.com. 博格的母親安娜・呂克特（Anna Rückert）的父親費德里奇・呂克特〔Friedrich Rückert，筆名「弗列蒙・拉瑪爾」（Freimund Raimar）〕是一位德國詩人，以翻譯東方文學與哲學文獻聞名。

3. faqs.org, "Hans Berger Biography (1873–1941)," accessed October 1, 2014, http://www.faqs.org/health/bios/26/Hans-Berger.html#ixzz3EpoSxvLr.

4. nitum, "Biography of Hans Berger," September 29, 2012, http://nitum. wordpress.com/2012/09/29/biography-of-hans-berger/.

5. W. Grey Walter, *The Living Brain* (New York: Norton, 1963).

6. Florin Amzica and Fernando H. Lopes da Silva, "Cellular Substrates of Brain Rhythms," chap. 2 in *Niedermeyer's Electroecephalography*, 7th ed., ed. Donald L. Schomer and Fernando H. Lopes da Silva (New York: Oxford University Press, 2018), 20–62.

7. Amzica and Lopes da Silva, "Cellular Substrates of Brain Rhythms," 24–54.

8. Susan Savage-Rumbaugh and Roger Lewin, *Kanzi: The Ape at the Brink of the Human Mind* (New York: Wiley, 1996).

9. Malcom MacMillan, "Phineas Gage—Unravelling the Myth," *The Psychologist* 21 (2008): 823–31.

10. Malcom MacMillan, *An Odd Kind of Fame: Stories of Phineas Gage* (Cambridge, MA: MIT Press, 2002), 93.

11. MacMillan, "Phineas Gage—Unravelling the Myth," 829.

12. Peter Raitu and Ion-Florin Talos, "The Tale of Phineas Gage, Digitally Remastered," *New England Journal of Medicine* 351 (2004): e21, doi: 10.1056/NEJMicm031024.

13. "Cognitive Functions and Organization of the Cerebral Cortex," in *Neuroscience*, 6th ed., ed. Dale Purves, George J. Augustine, David Fitzpatrick, William C. Hall, Anthony-Samuel LaMantia, Richard D. Mooney, Michael L. Platt, and Leonard E. White (New York: Oxford University Press, 2018), 627–42.

14. Joaquin M. Fuster, *The Prefrontal Cortex*, 4th ed. (Amsterdam: Academic Press, 2008).

15. Martijn C. Arms, Keith Conners, and Helena C. Kraemer, "A Decade of EEG Theta/Beta Ratio Research in ADHD: A Meta-Analysis," *Journal of Attention Disorders* 17 (2013): 374–83, doi: 10.1177/1087054712460087.

16. Geir Ogrim, Juri Kropotov, and Knut Hestad, "The Quantitative EEG Theta/

Beta Ratio in Attention Deficit/Hyperactivity Disorder and Normal Controls: Sensitivity, Specificity and Behavioral Correlates," *Psychiatry Research* 198 (2012): 482–88.

17. "ADHD Brain Waves are Different" January 5, 2021, http://simplywell-being. com/being-adhd/adhd-brain-waves-are-different.

18. Bob Walsh. "Why Are Some People More Hypnotizable?," January 30, 2009, http://ezinearticles.com/?Why-Are-Some-People-More-Hypnotizable?&id=1938666.

19. Graham A. Jamieson and Adrian P. Burgess, "Hypnotic Induction Is Followed by State-Like Changes in the Organization of EEG Functional Connectivity in the Theta and Beta Frequency Bands in High-Hypnotically Susceptible Individuals," *Frontiers in Human Neuroscience* 8 (2014): article 528, doi: 10.3389/fnhum.2014.00528.

20. Antoine Bechara, Antonio R. Damasio, Hanna Damasio, and Steven W. Anderson, "Insensitivity to Future Consequences Following Damage to Human Prefrontal Cortex," *Cognition* 50 (2014): 7–15.

21. Stijn A. A. Massar, J. Leon Kenemans, and Dennis J. L. G. Schutter. "Resting-State EEG Theta Activity and Risk Learning: Sensitivity to Reward or Punishment?," *International Journal of Psychophysiology* 91 (2014): 172–77.

22. Massar et al., "Resting-State EEG Theta Activity and Risk Learning," 175.

23. Gideon B. Keren and Willem A. Wagenaar, "On the Psychology of Playing Blackjack: Normative and Descriptive Considerations with Implications for Decision Theory," *Journal of Experimental Psychology: General* 114 (1985): 133–58.

24. Kendra Cherry. "What Is Personality?," Verywell Mind, August 12, 2020, https://www.verywellmind.com/what-is-personality-2795416.

25. Steven B. Most, Marvin M. Chun, and David M. Widders, "Attentional

Rubbernecking: Cognitive Control and Personality in Emotion-Induced Blindness," *Psychonomic Bulletin and Review* 12 (2005): 654–61.

26. Peter Putnam, Bart Verkuil, Elsa Arias-Garcia, Ioanna Pantazi, and Charlotte van Schie, "EEG Theta/Beta Ratio as a Potential Biomarker for Attentional Control and Resilience Against Deleterious Effects of Stress on Attention," *Cognitive, Affective and Behavioral Neuroscience* 14 (2014): 782–91.

27. Sonia J. Bishop, "Trait Anxiety and Impoverished Prefrontal Control of Attention," *Nature Neuroscience* 12 (2009): 92–98.

28. Aron K. Barbey, Frank Krueger, and Jordan Grafman, "Structured Event Complexes in the Medial Prefrontal Cortex Support Counterfactual Representations for Future Planning," *Philosophical Transactions of the Royal Society, B* 364 (2009): 1291–1300.

29. Liza Day and John Maltby, "With Good Luck: Belief in Good Luck and Cognitive Planning," *Personality and Individual Differences* 39 (2005): 1217–26.

30. Lyn Y. Abramson, Gerald I. Metalsky, and Lauren B. Alloy, "Hopelessness Depression: A Theory-Based Subtype of Depression," *Psychological Review* 96 (1989): 358–72.

31. Robin Nusslock, Alexander J. Shackman, Eddie Harmon-Jones, Lauren B. Alloy, James A. Coan, and Lyn Y. Abramson, "Cognitive Vulnerability and Frontal Brain Asymmetry: Common Predictors of First Prospective Depressive Episode," *Journal of Abnormal Psychology* 120 (2011): 497–503.

第六章、運氣與你的大腦:第二部

1. Richard F. Thompson, "James Olds," chap. 16 in *Biographical Memoirs* (Washington, DC: National Academy Press, 1999), 247, https://www.nap.edu/

read/9681/chapter/16#262.

2. Tim O'Keefe, "Epicurus (341–271 B.C.E)," *Internet Encyclopedia of Philosophy*, accessed March 16, 2016, https://www.iep.utm.edu/epicur/.

3. William Sweet, "Jeremy Bentham (1748–1832)," *Internet Encyclopedia of Philosophy*, accessed March 16, 2016, https://www.iep.utm.edu/bentham/.

4. Peter M. Milner, "The Discovery of Self-Stimulation and Other Stories," *Neuroscience & Biobehavioral Reviews* 13, no. 2–3 (1989): 61, doi:10.1016/S0149-7634(89)80013-2.

5. Milner, "The Discovery of Self-Stimulation," 62.

6. Steven J. Luck, *An Introduction to the Event-Related Potential Technique*, 2nd ed. (Cambridge, MA: MIT Press, 2014). 4, 12.

7. Jaime Martin del Campo Rios, Giorgio Fuggetta, and John Maltby, "Beliefs in Being Unlucky and Deficits in Executive Functioning: An ERP Study," *PeerJ* (June 2015): e1007, doi: 10.7717/peerj.1007.

8. William J. Gehring, Brian Goss, Michael G. H. Coles, David E. Meyer, and Emanuel Donchin, "The Error Related Negativity," *Perspectives in Psychological Science* 13, no. 2 (2017): 200–204.

9. George Bush, Phan Luu, and Michael I. Posner, "Cognitive and Emotional Influences in Anterior Cingulate Cortex," *Trends in Cognitive Sciences* 4, no. 6 (2000): 215–22.

10. William J. Gehring, Yanni Liu, Joseph M. Orr, and Joshua Carp, "The Error-Related Negativity (ERN/Ne)," in *The Oxford Handbook of Event-Related Potential Components*, ed. Steven J. Luck and Emily S. Kappenman (New York: Oxford University Press, 2012), 231–91; Michael Falkenstein, Jörg Hoorman, and Joachim Hohnsbein, "Inhibition-related ERP Components: Variation with Modality, Age and Time-on-task," *Journal of Psychophysiology* 16 (2002): 167–75.

11. Michael Inzlicht, Ian McGregor, Jacob B. Hirsh, and Kyle Nash, "Neural Markers of Religious Conviction," *Psychological Science* 20 (March 2009): 385–92, at 386.

12. David M. Amodio, John T. Jost, Sarah L. Masters, and Cindy M. Yee, "Neurocognitive Correlates of Liberalism and Conservatism," *Nature Neuroscience* 10 (2007): 1246–47, doi: 10.1038/nn1979.

13. Nathalie Andre, "Good Fortune, Opportunity and Their Lack: How Do Agents Perceive Them?," *Personality and Individual Differences* 40 (2006): 1461–72; del Campo Rios et al., "Beliefs in Being Unlucky and Deficits in Executive Functioning."

14. G. Rizzolatti, R. Camarda, L. Fogassi, M. Gentilucci, G. Luppino, and M. Matelli, "Functional Organization of Inferior Area 6 in the Macaque Monkey. II. Area F5 and the Control of Distal Movements," *Experimental Brain Research* 71 (1988): 491–507.

15. G. di Pelligrino, L. Fadiga, L. Fogassi, V. Gallese, and G. Rizzolatti, "Understanding Motor Events: A Neurophysiological Study," *Experimental Brain Research* 91(1992): 176–80, at 179.

16. Roy Mukamel, Arne D. Ekstrom, Jonas Kaplan, Marco Iacoboni, and Itzhak Fried, "Single-Neuron Responses in Humans During Execution and Observation of Actions," *Current Biology* 20 (2010): 750–56.

17. Gregory Hickok, *The Myth of Motor Neurons: The Real Neuroscience of Communication and Cognition* (New York: Norton, 2014).

18. di Pelligrino et al., "Understanding Motor Events," 179.

19. Hickok, *The Myth of Motor Neurons*, 231.

20. Erhan Oztop and Michael A. Arbib, "Schema Design and Implementation of the Grasp-Related Mirror Neuron System," *Biological Cybernetics* 96 (2007): 9–38.

21. Suresh D. Muthukumaraswamy and Krish D. Singh, "Modulation of the Human Mirror Neuron System During Cognitive Activity," *Psychophysiology* 45 (2008): 896–905.

22. Muthukumaraswamy and Singh, "Modulation of Human Mirror," 901.

23. Fumi Katsuki and Christos Constantinidis, "Bottom-Up and Top-Down Attention: Different Processes and Overlapping Neural System," *The Neuroscientist* 20, no. 5 (2014): 509–21.

24. Charles Darwin, *The Descent of Man* (Digireads.com, June 2019).

25. Marc Hauser, "Humaniqueness and the Illusion of Cultural Variation," in *The Seeds of Humanity*, Tanner Lectures on Human Values, Princeton University, November 12, 2008, https://tannerlectures.utah.edu/_documents/a-to-z/h/Hauser_08.pdf.

第七章、如何做個幸運的人

1. Charles Darwin, *On the Origin of Species*, accessed May 1, 2019, http://darwin-online.org.uk/content/frameset?itemID=F373&viewtype=side&pageseq=1.

2. Oskar Pfungst, *Clever Hans. The Horse of Mr. Von Osten*, trans. Carl L. Rahn, 245, suppl. material Carl Stumpf, "Mr. Von Osten's Method of Instruction" (New York: Henry Holt, 1911), Kindle; Laasya Samhita and Hans J. Gross, " 'The Clever Hans Phenomenon' Revisited," *Communicative and Integrative Biology* 6, no. 6 (2013): e27122-1–3.

3. Robert C. Tryon, "Genetic Differences in Maze-Learning Ability in Rats," *39th Yearbook, National Society for Studies in Education* 1 (1940): 111–19.

4. Robert Rosenthal and Kermit L. Fode, "The Effect of Experimenter Bias on the Performance of the Albino Rat," *Behavioral Science* 8 (1963): 183–89.

5. Richard Wiseman, *The Luck Factor* (London: Arrow Books, 2004).

6. Michael W. Eysenck, Nazanin Derakshan, Rita Santos, and Manuel G. Calvo, "Anxiety and Cognitive Performance: Attentional Control Theory," *Emotion* 7 (2007): 336–53.

7. Laurent Itti, "Visual Salience," *Scholarpedia* 2, no. 9 (2007): 3327, http://www.scholarpedia.org/article/Visual_salience.

8. Fumi Katsuki and Christos Constantinidis, "Bottom-Up and Top-Down Attention: Different Processes and Overlapping Neural Systems," *The Neuroscientist* 20, no. 5 (2004): 509–21.

9. Earl K. Miller and Timothy J. Buschman, "Cortical Circuits for the Control of Attention," *Current Opinion in Neurobiology* 23, no. 2 (2013): 216–22.

10. Katsuki and Constantinidis, "Bottom-Up and Top-Down Attention," 514.

11. Tobias Teichert, Dian Yu, and Vincent P. Ferrera, "Performance Monitoring in Monkey Frontal Eye Field," *Journal of Neuroscience* 34, no. 5 (2014): 1657–71.

12. Katsuki and Constantinidis, "Bottom-Up and Top-Down Attention," 518.

13. Kirsten G. Volz and D. Yves von Cramon, "What Neuroscience Can Tell About Intuitive Processes in the Context of Perceptual Discovery," *Journal of Cognitive Neuroscience* 18, no. 12 (2006): 2077–87, at 2077.

14. Phan Luu, Alexandra Geyer, Cali Fidopiastis, Gwendolyn Campbell, Tracey Wheelers, Joseph Cohn, and Don M. Tucker, "Reentrant Processing in Intuitive Perception," *PloS ONE* 5, no. 3 (2010): e9523.

15. Kirsten G. Volz, Rudolf Rubsamen, and D. Yves von Cramon, "Cortical Regions Activated by the Subjective Sense of Perceptual Coherence of Environmental Sounds: A Proposal for a Neuroscience of Intuition," *Cognitive, Affective and Behavioral Neuroscience* 8, no. 3 (2008): 318–28, at 320.

16. Volz, Rubsamen, and von Cramon, "Cortical Regions Activated," 319.

17. Jaoquin M. Fuster, *The Prefrontal Cortex*, 4th ed. (London: Elsevier Academic Press, 2008).

18. Fuster, *The Prefrontal Cortex*.

19. Fuster, *The Prefrontal Cortex*, 189–90.

20. John Maltby, Liz Day, Diana G. Pinto, Rebecca A. Hogan, and Alex M. Woods, "Beliefs in Being Unlucky and Deficits in Executive Functioning," *Consciousness and Cognition* 22 (2013): 137–47.

21. 你大概注意到了，這有點像是雞生蛋，蛋生雞的問題。是自認為不幸運的人，不願意竭盡自身的認知能力去解決問題？（「反正我鐵定會失敗，又何必費心追求目標？」）還是認知能力有限的人，比較有可能失敗，所以比較有可能認定自己不幸運？究竟是哪一個先來，是先認定自己不幸運，還是先有認知能力問題？麥特比在另一項研究探討這個雞生蛋，蛋生雞的問題。

22. Liz Day and John J. Maltby, "With Good Luck: Belief in Good Luck and Cognitive Planning," *Personality and Individual Differences* 39 (2005): 1217–26.

23. Jaime Martin del Campo Rios, Giorgio Fuggetta, and John Maltby, "Beliefs in Being Unlucky and Deficits in Executive Functioning: An ERP Study," *PeerJ* 3 (2015): e1007, doi 10.7717/peerj.1007.

24. Marie T. Banich, "Executive Function: The Search for an Integrated Account," *Current Directions in Psychological Science* 18, no. 2 (2009): 89–94.

第八章、命運之神昂貴的微笑

1. Lysann Damisch, Barbara Stoberock, and Thomas Mussweiler, "Keep Your Fingers Crossed! How Superstition Improves Performance," *Psychological Science* 21 (2010): 1014–20.

2. Robert J. Calin-Jageman and Tracey L. Caldwell, "Replication of the Superstition and Performance Study by Damisch, Stoberock, and Mussweiler, 2010," *Social Psychology* 45 (2010): 239–45.

3. R. Nicolas Carleton, "Fear of the Unknown: One Fear to Rule Them All?," *Journal of Anxiety Disorders* 41 (2016): 5–21, at 5.

4. Celeste Kidd and Benjamin Y. Hayden, "The Psychology and Neuroscience of Curiosity," *Neuron* 88, no. 3 (2015): 449–60.

5. Matthew D. Liberman, Naomi I. Eisenberger, Molly J. Crockett, Sabrina M. Ton, Jennifer H. Pfeifer, and Baldwin M. Way, "Putting Feelings Into Words: Affect Labeling Disrupts Amygdala Activity in Response to Affective Stimuli," *Psychological Science* 18 (2007): 421–28.

6. Nassim Nicolas Taleb, *Fooled by Randomness: The Hidden Role of Chance in Life and in the Markets* (New York: Random House, 2005), 248, 249.

7. Elizabeth Pollard, Clifford Rosenberg, and Robert Tignor. *Worlds Together, Worlds Apart: A History of the World: From the Beginnings of Humankind to the Present*, vol. 1, concise ed. (New York: Norton, 2015).

8. Tushar Vakil, "Good Luck. Bad Luck. Who Knows?," November 14, 2018, https://www.tusharvakil.com/2018/11/14/the-zen-story-good-luck-bad-luck-who-knows-and-the-lesson/.

參考書目

第一章、運氣是什麼？

1. Austin, James. *Chase, Chance and Creativity: The Lucky Art of Novelty*. Cambridge, MA: MIT Press, 2003.

2. Brugger, Peter. "From Haunted Brain to Haunted Science: A Cognitive Neuroscience View of Paranormal and Pseudoscientific Thought." In *Hauntings and Poltergeists: Multidisciplinary Perspectives*, ed. James Houran and Rense Lange. Jefferson, NC: McFarland, 2001.

3. Gould, Stephen Jay. "Glow, Big Glowworm." In *Bully for Brontosaurus: Reflections in Natural History*, chap. 17. New York: Norton, 2010. Kindle.

4. Grisby, Loma., Champ Clark, and Ellen Tumposky. "Very Lucky and Very Alive. Hit by a Huge Wave, Rescued by a Tall Ship." *People* 65 no. 10 (March 2006): 101.

5. Hadjikhani, Nouchine, Kestutis Kveraga, Paulami Naik, and Seppo Ahlfors. "Early (M170) Activation of Face-Specific Cortex by Face-Like Objects." *NeuroReport* 20 (2009): 403–7. doi: 10.1097/WNR.0b013e328325a8e1.

6. Jung, Carl Gustav. *Synchronicity: An Acausal Connecting Principle*. New York: Routledge, 2006. Kindle.

7. Leslie, Stuart W. *Boss Kettering*. New York: Columbia University Press, 1985.

8. "Louis Pasteur." Today in Science, accessed January 10, 2001. https://todayinsci.com/P/Pasteur_Louis/PasteurLouis-Quotations.htm.

9. Mlodinow, Leonard. *The Drunkard's Walk: How Randomness Rules Our Lives*. New York: Pantheon, 2009.

10. Moore, David W. "One in Four Americans Superstitious: Younger People

More Superstitious Than Older People." Gallup, October 13, 2000. http://www.gallup.com/poll/2440/One-Four-Americans-Superstitious.aspx.

11. Neyman, Jerzy, and Egon S. Pearson. "On the Use and Interpretation of Certain Test Criteria for Purposes of Statistical Inference." *Biometrika* 20A (1928): 175–240, 263–94. doi: 10.2307/2331945.

12. "Puget Sound Citizens Believe in Luck O' the Irish: Residents Gear Up for Saint Patrick's Day and Hope for a Little Green." Ipsos MarketQuest Survey, 2013. http://www.ipsos-na.com/download/pr.aspx?id=12550.

13. Rescher, Nicolas. *Luck: The Brilliant Randomness of Everyday Life*. Pittsburgh, PA: University of Pittsburgh Press, 1995.

14. Rouse, Margaret. "Random Numbers." WhatIs.com, last modified September 2005. http://whatis.techtarget.com/definition/random-numbers.

15. Shermer, Michael. "Agenticity." *Scientific American* 300 no. 6 (June 2009): 36. doi:10.2307/26001376.

16. ———. "Patternicity: Finding Meaningful Patterns in Meaningless Noise." *Scientific American*, December 2008. doi: 10.2307/26000924. http://www.scientificamerican.com/article/patternicity-finding-meaningful-patterns/.

17. Taylor, Humphrey. "What People Do and Do Not Believe In." Harris, poll 140, December 15, 2009. http://www.harrisinteractive.com/vault/Harris_Poll_2009_12_15.pdf.

18. U.S. National Oceanic and Atmospheric Administration."What Is a Rogue Wave?" Last modified April 9, 2020. http://oceanservice.noaa.gov/facts/roguewaves.html.

19. Wagenaar, Wilhelm A. "Generation of Random Sequences by Human Subjects: A Critical Review." *Psychological Bulletin* 77 (1972): 65–72. doi.org/10.1037/h0032060.

第二章、運氣簡史

1. Atran, Scott, and Ara Norenzayan. "Religious Evolutionary Landscape: Counterintuition, Commitment, Compassion, Communion." *Behavioral and Brain Sciences* 27 (2004): 713–70.

2. Bargdill, Richard W. "Fate and Destiny: Some Historical Distinctions Between the Concepts." *Journal of Theoretical and Philosophical Psychology* 26 (2006): 205–20. doi: 10.1037/h0091275.

3. Barrett, Justin L. *Why Would Anyone Believe in God?* New York: Altamira Press, 2010.

4. Beyers, Jaco. "What Is Religion? An African Understanding." *Theological Studies* 66 no. 1 (2010): 1–8. doi: 10.4102/hts.v66i1.341.

5. Bierce, Ambrose. s.v. "prayer." *The Devil's Dictionary*. London: Neale, 1911. http://www.gutenberg.org/ebooks/972.

6. Clottes, Jean. "Paleolithic Cave Art in France." Bradshaw Foundation, accessed May 26, 2014. www.bradshawfoundation.com/clottes.

7. Coe, Michael D., and Rex Koontz. *Mexico: From the Olmecs to the Aztecs.* New York: Thames and Hudson, 2002.

8. Connelly, Richard. "Joan Ginther, Serial Lottery Winner: Lucky or a Genius Who Gamed the System?" *Houston Press*, August 9, 2011. http://blogs.houstonpress.com/hairballs/2011/08/texas_lottery_winner_genius.php.

9. Editors of Encyclopaedia Britannica. "Caishen: Chinese Deity." September 16, 2019. https://www.britannica.com/topic/Caishen.

10. ———. "Fate: Greek and Roman Mythology." April 26, 2019. https://www.britannica.com/topic/Fate-Greek-and-Roman-mythology.

11. Egyptian-Scarabs. "Weighing of the Heart Ceremony." 2008. http://www.egyptian-scarabs.co.uk/weighing_of_the_heart.htm.

12. Falen, Douglas J. "Vodun, Spiritual Insecurity, and Religious Importation in Benin." *Journal of African Religion* 46 (2016): 453–83.

13. Fan, Lizhu, and Chen Na. "Resurgence of Indigenous Religion in China." UC San Diego, 2011, 1–39. http://fudan-uc.ucsd.edu/_files/201306_China_Watch_Fan_Chen.

14. Fell, R. A. L. *Etruria and Rome*. New York: Cambridge University Press, 1924.

15. Gill, N. S. "Who Was the Roman Goddess Fortuna?" ThoughtCo., last modified November 5, 2019. https://www.thoughtco.com//roman-goddess-fortuna-118378.

16. Greek Gods and Goddesses. "Morai." October 23, 2019. https://Greekgodsandgoddesses.net.

17. ———. "Tyche." September 13, 2018. https://greekgodsandgoddesses.net.

18. Kay, Aaron C., Danielle Gaucher, Ian McGregor, and Kyle Nash. "Religious Belief as Compensatory Control." *Personality and Social Psychology Review* 14 (2010): 37–48. doi: 10.1177/1088868309353750.

19. Lendering, Jona. "Mural Crown." Livius.org, last modified September 24, 2020. https://www.livius.org/articles/concept/mural-crown/.

20. Leonard, Tom. "She's the Maths Professor Who's Hit a Multi-Million Scratchcard Jackpot an Astonishing FOUR Times . . . Has This Woman Worked Out How to Win the Lottery?" *Daily Mail*, August 12, 2011. http://www.dailymail.co.uk/femail/article-2025069/Joan-Ginther-Maths-professor-hits-multi-million-scratchcard-lottery-jackpot-4-times.html.

21. Lewis-Williams, David J., and T. A. Dowson. "On Vision and Power in the Neolithic: Evidence from the Decorated Monuments." *Current Anthropology* 34 (1993): 55–65.

22. Lewis-Williams, David J., and Jean Clottes. "The Mind in the Cave—the Cave

in the Mind: Altered Consciousness in the Upper Paleolithic." *Anthropology of Consciousness* 9 (1998): 13–21.

23. May, Rollo. *Freedom and Destiny*. New York: Norton, 1999.

24. Merrin, Edward. "The Olmec World of Michael Coe." *Edward Merrin* (blog), November 10, 2011. http://www.edwardmerrin.com/2011/11/Olmec-world-of-michael-coe.html.

25. Per Ankh Group. "Egyptian Art." 2005. http://www.perankhgroup.com/egyptian_art.htm.

26. Pinch, Geraldine. *Handbook of Egyptian Mythology*. Santa Barbara, CA: ABC-CLIO, 2002.

27. Quigley, Rachel. " 'Lucky' Woman Who Won Lottery Four Times Outed as Stanford University Statistics PhD." *Daily Mail*, August 9, 2011. http://www.dailymail.co.uk/news/article-2023514/Joan-R-Ginther-won-lottery-4-times-Stanford-University-statistics-PhD.html.

28. Rich, Nathanial. "The Luckiest Woman on Earth: Three Ways to Win the Lottery." *Harper's Magazine*, August 2011, 58–64.

29. Robinson, B. A. "Religions of the World. Vodun (a.k.a. Voodoo) and Related Religions." ReligiousTolerance.org, last modified February 7, 2010. http://www.religioustolerance.org/voodoo.htm.

30. Singh, Upinder. *A History of Ancient and Early Medieval India: From the Stone Age to the 12th Century*. Uttar Pradesh, India: Pearson Education in South Asia, 2009.

31. Smith, William, ed. *Dictionary of Greek and Roman Antiquities*, 2nd ed., 1051–52. Boston: Little Brown, 1859.

32. Theobald, Ulrich. "Religions in China Fu Lu Shou Sanxing: The Three Stars of Wealth, Status and Longevity,." China Knowledge, December 22, 2012. http://www.chinaknowledge.de/Literature/Religion/personssanxing.html.

33. Trivett, Vincent. " 'Lucky' Woman Who Won Lottery Four Times Outed as Stanford University Statistics Ph.D." *Business Insider*, August 11, 2011. https://www.businessinsider.com/4-time-lottery-winner-not-exactly-lucky-2011-8.

34. "Tsai Shen—God of Wealth and Prosperity." NationsOnline.org, 2016. https://www.nationsonline.org/oneworld/Chinese_Customs/Tsai_Shen.htm.

35. University of Hawaii. "Grains of Sand on All the Beaches of the Earth." Last modified June 22, 2014. http://web.archive.org/web/20080120012722/http://www.hawaii.edu (christianity-science.gr).

36. "U.S. National Debt, May 25, 2014 at 3:34:40 PM GMT." http://www.brillig.com/debt_clock.

37. Weber, Paul. "Mystery Surrounds 4-Time Texas Lotto Winner." *NBC News*, July 13, 2010. https://www.nbcnews.com/id/wbna38229644.

第三章、運氣與心理學：論身為群居動物

1. American Psychological Association. "Hindsight Bias—Not Just a Convenient Memory Enhancer but an Important Part of an Efficient Memory System" (press release). 2000. http://www.apa.org/news/press/releases/2000/05/hindsight.aspx.

2. "Frano Selak—Truly the World's (Un)Luckiest Man." *Before It's News,* January 2, 2013. http://beforeitsnews.com/watercooler-topics/2013/01/frano-selak-truly-the-worlds-unluckiest-man-2431330.html.

3. Goos, Hauke Von. "Stirb langsam: Wie ein kroatischer Musiklehrer sieben Unglücke überlebte" [Die hard: How a Croatian music teacher outlived unlucky seven]. *Der Spiegel*, June 15, 2003. https://www.spiegel.de/panorama/stirb-langsam-a-f8cfd7e5-0002-0001-0000-000027390339.

4. Heider, Fritz. *The Psychology of Interpersonal Relations*. New York: Wiley, 1958.

5. Hough, Andrew. "Frano Selak: 'World's Luckiest Man' Gives Away His Lottery Fortune." *Telegraph*, May 14, 2010. http://www.telegraph.co.uk/news/ newstopics/howaboutthat/7721985/Frano-Selak-worlds-luckiest-man-gives-away-his-lottery-fortune.html.

6. Isaac, Matthew S., and Aaron R. Brough. "Judging a Part by the Size of the Whole: The Category Size Bias in Probability Judgments." *Journal of Consumer Research* 41 (2014): 310–25.

7. Jones, Edward E., and Victor A. Harris. "The Attribution of Attitudes." *Journal of Experimental Social Psychology* 3 (1967): 1–24.

8. Kahneman, Daniel, and Dale Miller. "Norm Theory: Comparing Reality to Its Alternatives." *Psychological Review* 93 (1986): 136.

9. Kelley, Harold H. "The Process of Causal Attribution." *American Psychologist* 28 (1973): 107–28.

10. Keren, Gideon B., and Willem A. Wagenaar. "On the Psychology of Playing Blackjack: Normative and Descriptive Considerations with Implications for Decision Theory." *Journal of Experimental Psychology: General* 114 (1985): 133–58.

11. King, Laura A. "Social Psychology." *In The Science of Psychology: An Appreciative View*, chap. 13. New York: McGraw-Hill Higher Education, 2008.

12. McCabe, Joanne. "At 27 Foot Is This the World's Biggest Icicle?" *Metro*, March 5, 2010. http://metro.co.uk/2010/03/05/is-27-foot-icicle-in-scotland-the-worlds-biggest-146526/.

13. Miller, Dale T., and Saku Gunasegaram. "Temporal Order and the Perceived Mutability of Events: Implications for Blame Assignment." *Journal of*

Personality and Social Psychology 59 (1990): 1111–18.

14. Rescher, Nicolas. *Luck, the Brilliant Randomness of Everyday Life*. Pittsburgh, PA: University of Pittsburgh Press, 1995.

15. Roese, Neal J. "Counterfactual Thinking." *Psychological Bulletin* 12 (1987): 133–48.

16. Sartre, Jean-Paul. "No Exit." In *No Exit and Three Other Plays*, trans. Stuart Gilbert, 45. New York: Vintage Books, 1989.

17. Steinberg Michael S., and Kenneth A. Dodge. "Attributional Bias in Aggressive Adolescent Boys and Girls." *Journal of Social and Clinical Psychology* 1, no. 4 (1983): 312–21.

18. Teigen, Karl Halvor. "How Good Is Good Luck? The Role of Counterfactual Thinking in the Perception of Lucky and Unlucky Events." *European Journal of Social Psychology* 25 (1995): 281–302.

19. ———. "Luck: The Art of the Near Miss." *Scandinavian Journal of Psychology* 37 (1996): 156–71.

20. ———. "When a Small Difference Makes a Big Difference: Counterfactual Thinking and Luck." In *The Psychology of Counterfactual Thinking*, ed. David R. Mandel, Denis J. Hilton, and Patrizia Castellani. London: Routledge, 2005. Kindle.

21. Teigen, Karl Halvor, Pia C. Evensen, Dimitrij K. Samoilow, and Karin B. Vatne. "Good Luck and Bad Luck: How to Tell the Difference." *European Journal of Social Psychology* 29 (1999): 981.

22. Tomasello, Michael. "The Ultra Social Animal." *European Journal of Social Psychology* 44 (2014): 187–94.

23. Wagenaar, Willem A., and Gideon B. Keren. "Chance and Luck Are Not the Same." *Journal of Behavioral Decision Making* 1 (1988): 65–75.

24. Weiner, Bernard. "An Attributional Theory of Achievement Motivation and

Emotion." *Psychological Review* 92 (1985): 548–73.

25. ——. "The Development of an Attribution-Based Theory of Motivation: A History of Ideas." *Educational Psychologist* 45 (2010): 28–36.

第四章、運氣與心理學：魔力思考

1. Aldhous, Peter. "Ten Sports Stars and Their Bizarre Pre-Game Rituals." *New Scientist*, May 19, 2009. https://www.newscientist.com/article/dn17158-ten-sports-stars-and-their-bizarre-pre-game-rituals/.

2. Ambach, W., E. Ambach, W. Tributsch, R. Henn, and H. Unterdorfer. "Corpses Released from Glacier Ice: Glaciological and Forensic." *Journal of Wilderness Medicine* 3 (1992): 372–76.

3. Bowman, Karlyn. "Are Americans Superstitious?" *Forbes*, May 8, 2009. http://www.forbes.com/2009/03/06/superstitious-ufo-alien-conspiracy-opinions-columnists-superstition.html.

4. "Bunkered Champions." *The Economist*, June 11, 1994, 92.

5. Cullen, Bob. "Testimony from the Iceman." Smithsonian 33 (2003): 42–50.

6. Damisch, Lysann, Barbara Stoberock, and Thomas Mussweiler. "Keep Your Fingers Crossed! How Superstition Improves Performance." *Psychological Science* 21 (2010): 1014–20.

7. Day, Liz, and John Maltby. "Belief in Good Luck and Psychological Well-Being: The Mediating Role of Optimism and Irrational Beliefs." *Journal of Psychology* 137 (2003): 99–110.

8. Fowler, Brenda. *Iceman: Uncovering the Life and Times of a Prehistoric Man Found in an Alpine Glacier.* Chicago: University of Chicago Press, 2000.

9. Frazer, James George. *The Golden Bough.* New York: Collier Books, 1963.

10. Gallagher, Timothy J., and Jerry M. Lewis. "Rationalists, Fatalists, and the

Modern Superstition: Test Taking in Introductory Sociology." *Sociological Inquiry* 71 (2001): 1–12.

11. Gmelch, George. "Baseball Magic." *Elysian Fields Quarterly* 11, no. 3 (2002): 25–36.

12. "Great Omar." Conservation OnLine (CoOL), accessed September 12, 2014. http://cool.conservation-us.org/don///dt/dt1633.html.

13. Hutson, Matthew. *The Seven Laws of Magical Thinking: How Irrational Beliefs Keep Us Happy, Healthy, and Sane*. New York: Penguin Books, 2012.

14. "Is There a Curse of Ötzi?" Magonia.com, accessed December 10, 2020. oetziiceman-curse.pdf.

15. Kay, Aaron C., Jennifer A. Whitson, Danielle Gaucher, and Adam D. Galinsky. "Compensatory Control: Achieving Order Through the Mind, Our Institutions, and the Heavens." *Current Directions in Psychological Science* 18, no. 5 (2009): 264–68.

16. Kray, Laura J., Linda G. George, Katie A. Liljenquist, Adam D. Galinsky, Philip E. Tetlock, and Neal J. Roese. "From What *Might* Have Been to What *Must* Have Been: Counterfactual Thinking Creates Meaning." *Journal of Personality and Social Psychology* 98 (2010): 106–18.

17. Langer, Ellen J. "The Illusion of Control." *Journal of Personality and Social Psychology* 32 (1975): 311–28.

18. Leveille, David. "Researchers May Have Cracked the Case of How Ötzi the Iceman Died." *The World*, April 6, 2017. https://www.pri.org/stories/2017-04-06/researchers-may-have-cracked-case-how-tzi-iceman-died.

19. Lin, Joseph. "Top Ten Sports Superstitions." *Time*, June 9, 2010. http://keepingscore.blogs.time.com/2011/10/19/top-10-sports-superstitions/slide/the-ritual/.

20. Maltby, John, Liz Day, Diana G. Pinto, Rebecca A. Hogan, and Alex M.

Wood. "Beliefs in Being Unlucky and Deficits in Executive Functioning." *Consciousness and Cognition* 22 (2013): 137–47.

21. Markman, Keith D., Matthew N. McMullen, and Ronald A. Elizaga. "Counterfactual Thinking, Persistence and Performance: A Test of the Reflection and Evaluation Model." *Journal of Experimental Social Psychology* 44 (2008): 421–28.

22. Moore, David W. "One in Four Americans Superstitious: Younger People More Superstitious Than Older People." Gallup, October 13, 2000. http://www.gallup.com/poll/2440/One-Four-Americans-Superstitious.aspx.

23. Pronin, Emily, Daniel Wegner, Kimberly McCarthy, and Sylvia Rodriguez. "Everyday Magical Powers: The Role of Apparent Mental Causation in the Overestimation of Personal Influence." *Journal of Personality and Social Psychology* 91 (2006): 218–31.

24. *Psychological Dictionary.* s.v. "What Is Magical Thinking?" April 7, 2013. http://psychologydictionary.org/magical-thinking/.

25. Rozin, Paul, Linda Millman, and Carol Nemeroff. "Operation of the Laws of Sympathetic Magic in Disgust and Other Domains." *Journal of Personality and Social Psychology* 50 (1986): 703–12.

26. Rudski, Jeffrey M., and Ashleigh Edwards. "Malinowski Goes to College: Factors Influencing Students' Use of Ritual and Superstition." *Journal of General Psychology* 134 (2007): 389–403.

27. Schippers, Michaela C., and Paul A. M. Van Lange. "The Psychological Benefits of Superstitious Rituals in Top Sport: A Study Among Top Sportspersons." *Journal of Applied Social Psychology* 36 (2006): 2532–53.

28. Skinner, B. F. " 'Superstition' in the Pigeon." *Journal of Experimental Psychology* 38 (1948): 168–72.

29. "Times Man Views Splendors of Tomb of Tutankhamen." *New York Times,*

December 22, 1922.

30. Tour Egypt. "Egypt: The Curse of the Mummy." Accessed September 27, 2014. http://www.touregypt.net/myths/curseof.htm.

31. "Two Famous Diamonds." *Hawke's Bay Herald*, April 25, 1888.

32. Vyse, Stuart. *Believing in Magic: The Psychology of Superstition*. New York: Oxford University Press, 2014.

33. Whitson, Jennifer A., and Adam D. Galinsky. "Lacking Control Increases Illusory Pattern Perception." *Science* 322 (2008): 115–17.

34. Wikipedia, s.v. "Curse of the Bambino." Last modified November 18, 2020. http://en.wikipedia.org/wiki/Curse_of_the_Bambino.

35. ——. s.v. "Curse of the Billy Goat." Last modified November 26, 2020. http://en.wikipedia.org/wiki/Curse_of_the_Billy_Goat.

36. ——. s.v. "Curse of the Pharaohs." Last modified December 2, 2020. http://en.wikipedia.org/wiki/Curse_of_the_pharaohs.

37. ——. s.v. "Hope Diamond." Last modified November 28, 2020, http://en.wikipedia.org/wiki/Hope_Diamond.

38. ——. s.v. "Sports Related Curses." Last modified December 7, 2020. http://en.wikipedia.org/wiki/Sports-related_curses.

39. Winston, H. V. F. *Howard Carter and the Discovery of the Tomb of Tutankhamun*, rev. ed. London: Barzan, 2007.

40. Wiseman, Richard. "UK Superstition Survey." 2003. http://www.richardwiseman.com/resources/superstition_report.pdf.

第五章、運氣與你的大腦：第一部

1. Abramson, Lyn Y., Gerald I. Metalsky, and Lauren B. Alloy. "Hopelessness Depression: A Theory-Based Subtype of Depression." *Psychological Review*

96 (1989): 358–72.

2. Amzica, Florin, and Fernando H. Lopes da Silva. "Cellular Substrates of Brain Rhythms." In *Niedermeyer's Electroecephalography*, 7th ed. ed. Donald L. Schomer and Fernando H. Lopes da Silva, 20–62. New York: Oxford University Press, 2018.

3. Arns, Martijn C., Keith Conners, and Helena C. Kraemer. "A Decade of EEG Theta/Beta Ratio Research in ADHD: A Meta-Analysis." *Journal of Attention Disorders* 17 (2013): 374–83. doi: 10.1177/1087054712460087.

4. Barbey, Aron K., Frank Krueger, and Jordan Grafman. "Structured Event Complexes in the Medial Prefrontal Cortex Support Counterfactual Representations for Future Planning." *Philosophical Transactional of the Royal Society*, B 364 (2009): 1291–1300.

5. Bechara, Antoine, Antonio R. Damasio, Hanna Damasio, and Steven W. Anderson. "Insensitivity to Future Consequences Following Damage to Human Prefrontal Cortex." *Cognition* 50 (1994): 7–15.

6. Bishop. Sonia J. "Trait Anxiety and Impoverished Prefrontal Control of Attention." *Nature Neuroscience* 12 (2009): 92–98.

7. Cherry, Kendra. "What Is Personality?" Verywell Mind, last modified August 12, 2020. https://www.verywellmind.com/what-is-personality-2795416.

8. "Cognitive Functions and Organization of the Cerebral Cortex." In *Neuroscience*, 6th ed., ed. Dale Purves, George J. Augustine, David Fitzpatrick, William C. Hall, Anthony-Samuel LaMantia, Richard D. Mooney, Michael L. Platt, and Leonard E. White, chap. 27. New York: Oxford University Press, 2018.

9. *Complete Dictionary of Scientific Biography*. s.v. "Berger, Hans." 2008. http://www.encyclopedia.com.

10. Day, Liza, and John Maltby. "With Good Luck: Belief in Good Luck and

Cognitive Planning." *Personality and Individual Differences* 39 (2005): 1217–26.

11. Fuster, Joaquin M. *The Prefrontal Cortex*, 4th ed. Amsterdam: Academic Press, 2008.

12. Jamieson, Graham A., and Adrian P. Burgess. "Hypnotic Induction Is Followed by State-Like Changes in the Organization of EEG Functional Connectivity in the Theta and Beta Frequency Bands in High-Hypnotically Susceptible Individuals." *Frontiers in Human Neuroscience* 8 (2014): article 528. doi: 10.3389/fnhum.2014.00528.

13. Keren, Gideon B., and Willem A. Wagenaar. "On the Psychology of Playing Blackjack: Normative and Descriptive Considerations with Implications for Decision Theory." *Journal of Experimental Psychology: General* 114 (1985): 133–58.

14. MacMillan, Malcom. *An Odd Kind of Fame: Stories of Phineas Gage.* Cambridge MA: MIT Press, 2002.

15. ——. "Phineas Gage—Unravelling the Myth." *The Psychologist* 21 (2008): 823–31.

16. Massar, Stijn A.A., J. Leon Kenemans, and Dennis J. L. G. Schutter. "Resting-State EEG Theta Activity and Risk Learning: Sensitivity to Reward or Punishment?" *International Journal of Psychophysiology* 91 (2014): 172–77.

17. Most, Steven B., Marvin M. Chun, and David M. Widders. "Attentional Rubbernecking: Cognitive Control and Personality in Emotion-Induced Blindness." *Psychonomic Bulletin and Review* 12 (2005): 654–61.

18. nitum. "Biography of Hans Berger." September 29, 2012. http://nitum.word-press.com/2012/09/29/biography-of-hans-berger/.

19. Nusslock, Robin, Alexander J. Shackman, Eddie Harmon-Jones, Lauren B. Alloy, James A. Coan, and Lyn Y. Abramson. "Cognitive Vulnerability and

Frontal Brain Asymmetry: Common Predictors of First Prospective Depressive Episode." *Journal of Abnormal Psychology* 120 (2011): 497–503.

20. Ogrim, Geir, Juri Kropotov, and Knut Hestad. "The Quantitative EEG Theta/Beta Ratio in Attention Deficit/Hyperactivity Disorder and Normal Controls: Sensitivity, Specificity and Behavioral Correlates. *Psychiatry Research* 198 (2012): 482–88.

21. Putnam, Peter, Bart Verkuil, Elsa Arias-Garcia, Ioanna Pantazi, and Charlotte van Schie. "EEG Theta/Beta Ratio as a Potential Biomarker for Attentional Control and Resilience Against Deleterious Effects of Stress on Attention." *Cognitive, Affective and Behavioral Neuroscience* 14 (2014): 782–91.

22. Ratiu, Peter, and Ion-Florin Talos. "The Tale of Phineas Gage, Digitally Remastered." *New England Journal of Medicine* 351 (2004): e21. doi: 10.1056/NEJMicm031024.

23. Rose, F. Clifford. "Cerebral Localization in Antiquity." *Journal of the History of the Neurosciences* 18 (2009): 239–47.

24. Savage-Rumbaugh, Susan, and Roger Lewin. *Kanzi: The Ape at the Brink of the Human Mind.* New York: Wiley, 1996.

25. Walsh, Bob. "Why Are Some People More Hypnotizable?" January 30, 2009. http://ezinearticles.com/?Why-Are-Some-People-More-Hypnotizable?&id=1938666.

26. Walter, W. Grey. *The Living Brain.* New York: Norton, 1963.

27. Wikipedia. s.v. "Hans Berger." Last modified December 14, 2020. http://en.wikipedia.org/wiki/Hans_Berger.

第六章、運氣與你的大腦：第二部

1. Amodio, David M., John T. Jost, Sarah L. Masters, and Cindy M. Yee.

"Neurocognitive Correlates of Liberalism and Conservatism." *Nature Neuroscience Online* (2007): 1246–47. doi: 10.1038/nn1979.

2. Andre, Nathalie. "Good Fortune, Opportunity and Their Lack: How Do Agents Perceive Them?" *Personality and Individual Differences* 40 (2006): 1461–72.

3. Bush, George, Phan Luu, and Michael I. Posner. "Cognitive and Emotional Influences in Anterior Cingulate Cortex." *Trends in Cognitive Sciences* 4, no. 6 (2000): 215–22.

4. Darwin, Charles. *The Descent of Man*. Digireads.com, June 2019.

5. del Campo Rios, Jaime Martin, Giorgio Fuggetta, and John Maltby. "Beliefs in Being Unlucky and Deficits in Executive Functioning: An ERP Study. *PeerJ* 3 (June 2015): e1007. doi: 10.7717/peer j.1007.

6. di Pelligrino, G., L. Fadiga, L. Fogassi, V. Gallese, and G. Rizzolatti. "Understanding Motor Events: A Neurophysiological Study." *Experimental Brain Research* 91 (1992): 176–80.

7. Gehring, William J., Brian Goss, Michael G. H. Coles, David E. Meyer, and Emanuel Donchin. "The Error Related Negativity." *Perspectives in Psychological Science* 13, no. 2 (2017): 200–204.

8. Gehring, William J., Yanni Liu, Joseph M. Orr, and Joshua Carp. "The Error-Related Negativity (ERN/Ne)." In *The Oxford Handbook of Event-Related Potential Components*, ed. Steven J. Luck and Emily S. Kappenman, 231–91. New York: Oxford University Press, 2012.

9. Hauser, Marc. "Humaniqueness and the Illusion of Cultural Variation." In *The Seeds of Humanity*. Tanner Lectures on Human Values. Princeton University, November 12, 2008. https://tannerlectures.utah.edu/_documents/a-to-z/h/Hauser_08.pdf.

10. Hickok, Gregory. *The Myth of Motor Neurons: The Real Neuroscience of Communication and Cognition*. New York: Norton, 2014.

11. Inzlicht, Michael, Ian McGregor, Jacob B. Hirsh, and Kyle Nash. "Neural Markers of Religious Conviction." *Psychological Science* 20 (March 2009): 385–92.

12. Katsuki, Fumi, and Christos Constantinidis. "Bottom-Up and Top-Down Attention: Different Processes and Overlapping Neural System." *The Neuroscientist* 20, no. 5 (2014): 509–21.

13. Luck, Steven J. *An Introduction to the Event-Related Potential Technique*, 2nd ed. Cambridge, MA: MIT Press, 2014.

14. Milner, Peter M. "The Discovery of Self-Stimulation and Other Stories." *Neuroscience & Biobehavioral Reviews* 13, no. 2–3 (1989): 61. doi:10.1016/S0149-7634(89)80013-2.

15. Mukamel, Roy, Arne D. Ekstrom, Jonas Kaplan, Marco Iacoboni, and Itzhak Fried. "Single-Neuron Responses in Humans During Execution and Observation of Actions." *Current Biology* 20 (2010): 750–56.

16. Muthukumaraswamy, Suresh D., and Krish D. Singh. "Modulation of the Human Mirror Neuron System During Cognitive Activity." *Psychophysiology* 45 (2008): 896–905.

17. O'Keefe, Tim. "Epicurus (341–271 B.C.E)." *Internet Encyclopedia of Philosophy*. accessed March 16, 2016. https://www.iep.utm.edu/epicur/.

18. Oztop, Erhan, and Michael A. Arbib. "Schema Design and Implementation of the Grasp-Related Mirror Neuron System." *Biological Cybernetics* 96 (2007): 9–38.

19. Rizzolatti, G., R. Camarda, L. Fogassi, M. Gentilucci, G. Luppino, and M. Matelli. "Functional Organization of Inferior Area 6 in the Macaque Monkey. II. Area F5 and the Control of Distal Movements." *Experimental Brain Research* 71 (1988): 491–507.

20. Sweet, William. "Jeremy Bentham (1748–1832)." *Internet Encyclopedia of*

Philosophy. accessed March 16, 2016. https://www.iep.utm.edu/bentham/.

21. Thompson, Richard F. "James Olds." In *Biographical Memoirs*, chap. 16. Washington, DC: National Academy Press, 1999. https://www.nap.edu/read/9681/chapter/16#262.

第七章、如何做個幸運的人

1. Banich, Marie T. "Executive Function: The Search for an Integrated Account." *Current Directions in Psychological Science* 18, no. 2 (2009): 89–94.

2. Darwin, Charles. *On the Origin of Species*. accessed May 1, 2019. http://darwin-online.org.uk/content/frameset?itemID=F373&viewtype=side&pageseq=1.

3. Day, Liz, and John J. Maltby. "With Good Luck: Belief in Good Luck and Cognitive Planning." *Personality and Individual Differences* 39 (2005): 1217–26.

4. del Campo Rios, Jaime Martin, Giorgio Fuggetta, and John Maltby. "Beliefs in Being Unlucky and Deficits in Executive Functioning: An ERP Study," *PeerJ* 3 (2015): e1007. doi 10.7717/peerj.1007.

5. Eysenck, Michael W., Nazanin Derakshan, Rita Santos, and Manuel G. Calvo. "Anxiety and Cognitive Performance: Attentional Control Theory." *Emotion* 7 (2007): 336–53.

6. Fuster, Jaoquin M. *The Prefrontal Cortex*, 4th ed. London: Elsevier Academic Press, 2008.

7. Itti, Laurent. "Visual Salience." *Scholarpedia* 2, no. 9 (2007): 3327. http://www.scholarpedia.org/article/Visual_salience.

8. Katsuki, Fumi, and Christos Constantinidis. "Bottom-Up and Top-Down Attention: Different Processes and Overlapping Neural Systems.," *The*

Neuroscientist 20, no. 5 (2004): 509–21.

9. Luu, Phan, Alexandra Geyer, Cali Fidopiastis, Gwendolyn Campbell, Tracey Wheelers, Joseph Cohn, and Don M. Tucker. "Reentrant Processing in Intuitive Perception." *PloS ONE* 5, no. 3 (2010): e9523.

10. Maltby, John, Liz Day, Diana G. Pinto, Rebecca A. Hogan, and Alex M. Woods. "Beliefs in Being Unlucky and Deficits in Executive Functioning." *Consciousness and Cognition* 22 (2013): 137–47.

11. Miller, Earl K., and Timothy J. Buschman. "Cortical Circuits for the Control of Attention." *Current Opinion in Neurobiology* 23, no. 2 (2013): 216–22.

12. Pfungst, Oskar. *Clever Hans. The Horse of Mr. Von Osten*, trans. Carl L. Rahn, 245, suppl. material Carl Stumpf, "Mr. Von Osten's Method of Instruction." New York: Henry Holt, 1911. Kindle.

13. Rosenthal, Robert, and Kermit L. Fode. "The Effect of Experimenter Bias on the Performance of the Albino Rat." *Behavioral Science* 8 (1963): 183–89.

14. Samhita, Laasya, and Hans J. Gross. " 'The Clever Hans Phenomenon' Revisited." *Communicative and Integrative Biology* 6, no. 6 (2013): e27122-1–3.

15. Teichert, Tobias, Dian Yu, and Vincent P. Ferrera. "Performance Monitoring in Monkey Frontal Eye Field." *Journal of Neuroscience* 34, no. 5 (2014): 1657–71.

16. Tryon, Robert C. "Genetic Differences in Maze-Learning Ability in Rats." *39th Yearbook, National Society for Studies in Education* 1 (1040): 111–19.

17. Volz, Krrsten G., and D. Yves von Cramon. "What Neuroscience Can Tell About Intuitive Processes in the Context of Perceptual Discovery." *Journal of Cognitive Neuroscience* 18, no. 12 (2006): 2077–87.

18. Volz, Kirsten G., Rudolf Rubsamen, and D. Yves von Cramon. "Cortical Regions Activated by the Subjective Sense of Perceptual Coherence of

Environmental Sounds: A Proposal for a Neuroscience of Intuition." *Cognitive, Affective and Behavioral Neuroscience* 8, no. 3 (2008): 318–28.

19. Wiseman, Richard. *The Luck Factor*. London: Arrow Books, 2004.

第八章、命運之神昂貴的微笑

1. Calin-Jageman, Robert J., and Tracey L. Caldwell. "Replication of the Superstition and Performance Study by Damisch, Stoberock and Mussweiler, 2010." *Social Psychology* 45 (2010): 239–45.

2. Carleton, R. Nicolas. "Fear of the Unknown: One Fear to Rule them All?" *Journal of Anxiety Disorders* 41 (2016): 5–21.

3. ———. "Into the Unknown: A Review and Synthesis of Contemporary Models Involving Uncertainty." *Journal of Anxiety Disorders* 39 (2016): 30–43.

4. Damisch, Lysann, Barbara Stoberock, and Thomas Mussweiler. "Keep Your Fingers Crossed! How Superstition Improves Performance." *Psychological Science* 21 (2010): 1014–20.

5. Kidd, Celeste, and Benjamin Y. Hayden. "The Psychology and Neuroscience of Curiosity." *Neuron* 88, no. 3 (2015): 449–60.

6. Lieberman, Matthew D., Naomi I. Eisenberger, Molly J. Crockett, Sabrina M. Ton, Jennifer H. Pfeifer, and Baldwin M. Way. "Putting Feelings Into Words: Affect Labeling Disrupts Amygdala Activity in Response to Affective Stimuli." *Psychological Science* 18 (2007): 421–28.

7. Pollard, Elizabeth, Clifford Rosenberg, and Robert Tignor. *Worlds Together, Worlds Apart: A History of the World: From the Beginnings of Humankind to the Present*, vol. 1, concise ed. New York: Norton, 2015.

8. Taleb, Nassim Nicolas. *Fooled by Randomness: The Hidden Role of Chance in Life and in the Markets*. New York: Random House, 2005.

9. Vakil, Tushar. "Good Luck. Bad Luck. Who Knows?" November 14, 2018. https://www.tusharvakil.com/2018/11/14/the-zen-story-good-luck-bad-luck-who-knows-and-the-lesson/.

國家圖書館出版品預行編目資料

誰說運氣不科學！：利用科學剖析運氣，打破你對運氣的迷
思，才能運用思維與信念，把握眼前的好運！/芭芭拉・布
萊奇利（Barbara Blatchley）著；龐元媛譯. -- 初版. -- 臺中市
：晨星出版有限公司, 2024.02
　面；公分 . —（知的！；224）
　譯自：What are the chances? : why we believe in luck.
　ISBN 978-626-320-732-5（平裝）

1.CST: 自我實現 2.CST: 思維方法 3.CST: 機會

177.2　　　　　　　　　　　　　　　　　　112020109

知的！224	**誰說運氣不科學！** 利用科學剖析運氣，打破你對運氣的迷思， 才能運用思維與信念，把握眼前的好運！ What Are the Chances?: Why We Believe in Luck

作者	芭芭拉・布萊奇利（Barbara Blatchley）
譯者	龐元媛
編輯	陳詠俞
美術設計	曾麗香
封面設計	水青子
創辦人	陳銘民
發行所	晨星出版有限公司 407台中市西屯區工業區30路1號1樓 TEL：（04）23595820　FAX：（04）23550581 http://star.morningstar.com.tw 行政院新聞局版台業字第2500號
法律顧問	陳思成律師
初版	西元2024年2月15日　初版1刷
讀者服務專線	TEL：（02）23672044 /（04）23595819#212
讀者傳真專線	FAX：（02）23635741 /（04）23595493
讀者專用信箱	service @morningstar.com.tw
網路書店	http://www.morningstar.com.tw
郵政劃撥	15060393（知己圖書股份有限公司）
印刷	上好印刷股份有限公司

掃描 QR code 填回函，
成為晨星網路書店會員，
即送「晨星網路書店 Ecoupon 優惠券」
一張，同時享有購書優惠。

定價390元

ISBN 978-626-320-732-5

WHAT ARE THE CHANCES?: Why We Believe in Luck
by Barbara Blatchley
Copyright © 2021 Barbara Blatchley
Chinese Complex translation copyright © 2024
by Morning Star Publishing Inc.
Published by arrangement with Columbia University Press
through Bardon-Chinese Media Agency
博達著作代理有限公司
ALL RIGHTS RESERVED

版權所有・翻印必究
（如書籍有缺頁或破損，請寄回更換）